Ben Redelings

BVB-Album

Unvergessliche Sprüche, Fotos, Anekdoten

Bildnachweis

dpa / picture alliance: 14, 41, 77, 82 (u.), 90.

Firo Sportphoto: 6 (o.), 59 (o.), 67, 110 (o.), 115 (o.), 125 (o.), 137, 154 (o.).

Horstmüller: 85, 86 (u.), 102 (2), 103 (u.), 107 (o.), 108, 112 (u.), 117 (u.), 121 (o.), 122 (u.), 123 (u.), 124, 151 (u.), 157.

Imago: Cover (2), 1, 4 (2, o.), 11, 13 (u.), 16 (m.), 17, 20, 21 (u.r.), 24, 25, 29, 30, 40, 46, 54 (u.), 76, 79 (r.), 89, 91 (u.), 98, 101 (o.), 109, 113 (2), 117 (o.), 129, 130 (u.), 131, 143 (r.), 146, 149 (u.), 150 (u.), 156 (l.).

Ralf Piorr: 7, 38, 47, 147 (o.).

Gregor Schnittker: 35 (u.).

Gerrit Starczewski: 83 (u.).

Ein besonderer Dank geht an Thomas Hahn für die Fundstücke aus seiner Sammlung!

Nicht in allen Fällen konnte die Urheberschaft an den Fotos ermittelt werden.
Der Verlag bittet um entsprechende Hinweise, um berechtigte Ansprüche abzugelten.

Bibliografische Information der Deutschen Nationalbibliothek:
Die Deutsche Nationalbibliothek verzeichnet diese Publikation in der Deutschen Nationalbibliografie; detaillierte bibliografische Daten sind im Internet über http://dnb.d-nb.de abrufbar.

2. Auflage 2014

Lotzestraße 22a, D-37083 Göttingen
www.werkstatt-verlag.de

Satz und Gestaltung: Hauke Ahlborn, Verlag Die Werkstatt
Druck und Bindung: Grafisches Centrum Cuno, Calbe

ISBN 978-3-7307-0111-9

Ben Redelings

BVB-Album

Unvergessliche Sprüche, Fotos, Anekdoten

VERLAG DIE WERKSTATT

Borussia

Borussia Dortmund
Hannover 96
Dienstag, 13.9.1988
Anstoß: 20 Uhr
Westfalenstadion
Die Continentale

DFB-Pokal
OFFIZIELLES PROGRAMM DES DEUTSCHEN FUSSBALL-BUNDES · 2012 · SCHUTZGEBÜHR 1,- €
12. MAI 2012 · OLYMPIASTADION BERLIN
BORUSSIA DORTMUND – FC BAYERN MÜNCHEN
BVB 09
FC BAYERN MÜNCHEN
FINALE UM DEN DFB-JUNIOREN-VEREINSPOKAL
HERTHA BSC BERLIN – SC FREIBURG
Mit Super-Gewinnspiel und Riesen-Poster!
www.dfb.de · team.dfb.de · www.fussball.de

UEFA CUP-TURNERINGEN
BRØNDBY IF
BORUSSIA DORTMUND
Onsdag 24. november 1993 - Klokken 18.30
BRØNDBY STADION
Codan
Die Continentale
SELECT
PRIS: 10,00 KRONER

BVB 09
Wir alle geh'n zum BVB
17. 6. 1995
Ein Traum ist wahr!
Deutscher Meister 1995

Karl-Heinz Bandosz
Heja BVB
Die Perle vom Borsigplatz
New Blood Schallplatten, Köln

»Wenn wir hier nicht gewinnen, dann **treten wir ihnen wenigstens den Rasen kaputt**.«

(Rolf Rüssmann)

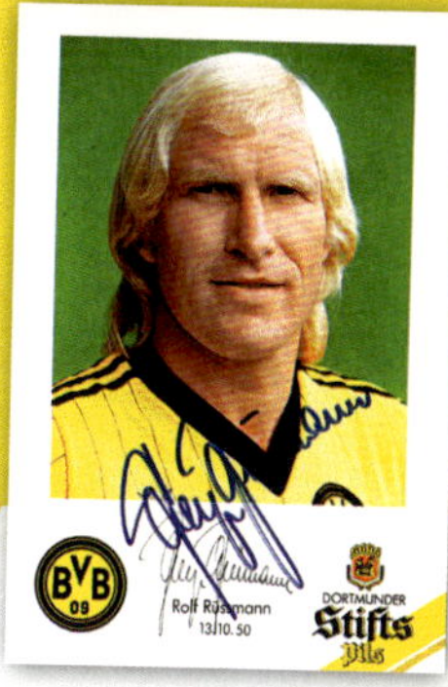

»Wenn ein Dortmunder Spieler bei der Einwechslung stolpert, schreien die Fans ›Foul‹. **Das ist hervorragend – für den BVB**.«

(Christoph Daum)

»Wolfsburg oder Hoffenheim müssen das große Geld auspacken, um sexy zu sein. Der **BVB ist von Natur aus sexy**!«

(Hans-Joachim Watzke)

»**Schwankungen?** Wir haben in dieser Saison konstant gespielt – mit drei, vier Ausbrechern.«

(Lars Ricken)

»Ich spiele im Süden, ich liebe den Süden – von Dortmund.«

(Knut Reinhardt)

»Wenn mein Sohn **Schalke-Fan** wird, kommt er ins Heim.«

(Kevin Großkreutz)

»Ich kann mich an kein Spiel erinnern, bei dem so viele Spieler mit der Barriere vom Platz getragen wurden.«

(Michael Lusch)

»Ich möchte nie mehr arbeiten, sondern nur noch am Tresen stehen und saufen.«

(Erwin Kostedde)

»Dortmund hat große Klasse und ist **zu Hause sehr heimstark.**«

(Ottmar Hitzfeld)

»Weiß! Blau darf ich ja nicht.«

(Dortmunds Kapitän Sebastian Kehl bei der Platzwahl)

Starschnitt

Adi Preißler

»Ich bin dreimal um die Erde gelaufen, aber immer hinter dem Ball her.«

»Wenn wir damals 100.000 Mark wert waren, müssten wir heute noch 20.000 Mark davon kriegen.«

(Adi Preißler als Teil des 100.000-Mark-Sturms von Preußen Münster in den 1950er Jahren)

»Ein Fußballer ohne **große Nasenlöcher** kann nichts werden. Sonst kriegt die Lunge nicht genug Luft.«

»Sepp Herberger hat zu mir gesagt, ich solle nicht so viel fummeln. Da habe ich ihm einfach geantwortet: ›Ohne Fummeln kann ich ja gleich aufhören.‹«

Reporter

»Heinrich verletzt den Platz.«

(Wilfried Mohren)

»Dortmund hat zwar einen **Hitzfeld, aber keine Rasenheizung**.«

(Erich Laaser)

»Und nun stelle ich Ihnen mit Erdal Keser einen Mann vor, der **fünf Jahre lang, von 1980 bis 1987, für Borussia Dortmund spielte**.«

(Waldemar Hartmann)

»An die Sangeskünste der Liverpooler Fans kommt in Europa höchstens die **Dortmunder Westtribüne** heran.«

(Günther Jauch – die legendäre Stehtribüne befindet sich im Süden)

»Wie kann der Dede da so **freihändig flanken**?«

(Werner Hansch)

»Kein Problem.
Das nächste Mal darfst du auf die Bank.«

(Matthias Sammer auf die Frage eines Journalisten, warum er nicht ausgewechselt habe)

»Vor einem Jahr hätte man solche Zustände im deutschen Fußball noch für Satire oder Science Fiction gehalten.«

(»Süddeutsche Zeitung« über die Machenschaften des Managements vom BVB)

»Na, Herr Chapuisat, hat denn Berti Vogts schon bei Ihnen angeklopft?«

(»Sportstudio«-Moderatorin Christine Reinhardt zum ***Schweizer Nationalspieler****)*

»Julio Cesar hat sich heute Nacht fortgepflanzt. Victoria heißt die Kleine.«

(Jörg Dahlmann)

Starschnitt

Norbert Dickel

»Ich esse gerade, du kannst doch nicht verlangen, dass ich schon wieder auf Ballhöhe bin.«

(Norbert Dickel, kauend, als Co-Kommentator im Internetradio)

»Jetzt muss sich Ricken **gegen eine 70-Mann-Mauer durchsetzen**.«

»So eine Scheiße!
Boris, wir sind zu löchrig hinten!«

(Kommentiert im BVB-Fan-Radio mit Boris Rupert das entscheidende Tor von Ailton beim Ruhrderby.)

»Ich muss hier mithüpfen, sonst bekomme ich noch Bier in den Nacken geschüttet.«

(Als Co-Kommentator im Internetradio)

Geld

»**Fans** von Borussia Dortmund dürften in diesem Jahr **mehr betriebswirtschaftliche Grundkenntnisse erworben** haben **als mancher BWL-Student**.«

(»Süddeutsche Zeitung« zum Börsengang des Vereins)

»Wir bei der Borussia kennen kein **Schwarzgeld**, wir kennen nur **Schwarz-Gelb**.«

(BVB-Präsident Gerd Niebaum)

»Es ist ein offenes Geheimnis – ich stehe der Borussia aus Dortmund bei und das ist im Augenblick nicht lustig – **denn der BVB-Fan greift zuerst zum Wirtschaftsteil der Zeitung**.«

(Joachim Król)

»Manager Meier sieht eine Partie auf dem Niveau der BVB-Aktie: **Langeweile knapp über null**.«

(Sportschau-Reporter Jens-Jörg Rieck)

Schiedsrichter

»Wenn die beiden sich auf **relativ hohem akademischen Niveau** unterhalten, ist das für mich keine Beleidigung.«

(Michael Meier zum Disput zwischen Schiri Merk und BVB-Trainer Sammer)

»Wetten tun in Deutschland nur die Schiedsrichter.«

(Der polnische Nationalspieler Ebi Smolarek auf die Frage, ob er mit seinen Dortmunder Mannschaftskollegen auf einen Sieg gegen Deutschland gewettet habe)

»**Ich hasse Schiedsrichter**, ich könnte sie manchmal sogar umbringen.«

(Udo Lattek)

»Zwei Blinde sehen auch nicht blinder als einer.«

(Stefan Reuter über den Vorschlag, zwei Schiedsrichter einzusetzen)

»Zur Schiedsrichterleistung will ich gar **nichts sagen**, aber das **war eine Frechheit**, was da gepfiffen wurde!«

(Stefan Reuter)

»Eine Drehung mehr, und ich wäre im Rasen verschwunden.«

(Thomas Häßler über den sehr tiefen neu verlegten Rasen im Westfalenstadion)

»Ja, ein bisschen.«

(Matthias Sammer auf die Frage, ob Salvatore Gambino Italiener sei)

»Ich wurde geboren, um Tore zu schießen.«

(Lothar Sippel)

»Ich brauche Spieler, die auf dem Platz die Rute rausholen.«

(Matthias Sammer)

»Wenn man früh ein Tor macht, fällt natürlich vieles schwerer.«

(Christian Wörns)

»Bei uns wird auf dem Platz zu wenig gesprochen. Das könnte an der Kommunikation liegen.«

(Erich Ribbeck)

»Jetzt hör mal zu: Du kannst nicht immer nur nach Dortmund gehen. Du wirst jetzt erst mal bei uns Mitglied. Ich schick dir die Unterlagen zu.«

(Schalke-Betreuer Charly Neumann zum Bundeskanzler Gerhard Schröder)

»Wenn man im Vorraum der Pathologie liegt, hat man wenig Alternativen.«

(Hans-Joachim Watzke über den finanziell unausweichlichen Verkauf der Stadionrechte)

»Das Tor ist ein Geschenk für meine Mutter, die ist krass Dortmund-Fan. Jetzt habe ich Hausverbot zu Hause.«

(Olcay Şahan nach seinem ersten Bundesligator für die Lauterer gegen den BVB im Dezember 2011)

Meister

»Wenn so viele Menschen kommen, verdrücke ich mich gern. Aber beim Bankett am Abend werde ich die Polonaise anführen.«

(Dortmunds Meistertrainer Matthias Sammer, der sich nach dem Abpfiff der Partie gegen Werder Bremen ohne Jubel zunächst zurückzog)

»Die Ausnüchterung ist ab heute beendet.«

(Ottmar Hitzfeld am ersten Trainingstag nach Gewinn und Feier der Deutschen Meisterschaft)

»Wenn wir Deutscher Meister geworden sind, dann können wir auch über den Titel nachdenken.«

(Sebastian Kehl)

頭條日報 SPORTS
www.hkheadline.com
14/05/2012 MON
體育
首奪雙冠

»Ich will jetzt nicht sagen, **ich bin der tollste Torhüter**. Aber ich habe bisher noch keinen kennengelernt, der von seinem Können her kompletter ist als ich.«

(Jens Lehmann)

»Ich bin der Hans Albers der Bundesliga. Der konnte saufen wie ich und auch arbeiten.«

(Udo Lattek)

Darauf erst mal ein Glas Bier. Reinhard Rauball (l.) und Udo Lattek 1980 auf der Pressekonferenz nach einer Heimniederlage gegen den VfB Stuttgart.

»Ich danke Sie.«

(Willi Lippens, nachdem der Schiri zu ihm gesagt hatte: ***»Ich verwarne Ihnen.«****)*

»Schwarz, Gelb, oval. **Wir haben kein Problem mit öffentlichen Toiletten.** Außer sie können das Dach nicht zufahren.«

(Das schrieb ein Fan unter ein Foto des ehemaligen Westfalenstadions.)

»Die Kameras sind ja fast mit auf die Toilette gegangen, um zu sehen, was für ein Gesicht der Trainer macht.«

(Fredi Bobic)

»Es ist ja hinlänglich bekannt, dass das Nationalgetränk in Ägypten Wasser ist.«

(Jürgen Klopp sieht kein Problem für Mohamed Zidan nach dem Gewinn des Afrika-Cups.)

»Ein **Trainer entscheidet vor dem Spiel**, und ein **Journalist schreibt nach dem Spiel**.«

(Ottmar Hitzfeld zu kritischen Fragen nach seiner Aufstellung)

»Mit elf Votavas verlierst du kein Spiel!«

(Mirko Votava)

Mirko Votava sucht nach einem fahrbaren Untersatz, einen Reifen hat er schon.

»Ich mache donnerstags Sex, wenn ich samstags spiele. Freitags nicht.«

(Tinga)

»Ich kenne ihn. Dem habe ich mal die Schuhe kaputt getreten. Mit Größe 53 war er halt der Leidtragende.«

(Der französische Fußballer Jacques Abardonado über Jan Koller)

Starschnitt
Matthias Sammer

»Mir ist ein geschmackloser Sieg lieber als eine rauschende Niederlage.«

»Sicherlich haben wir im Moment einen **kleinen Lauf**, aber **Lauf heißt ja bekanntlich Lauf, weil's von laufen kommt**.«

»Grundsätzlich haben Frauen mehr Tiefe als Männer.«

»Ein Säugling kann auch keinen Mercedes fahren.«

(Über den verstärkten Einsatz von Regionalliga-Spielern)

»Kritik bedeutet nicht automatisch Erschießung.«

»Der Matthias ist noch ein junger Mann. Er wird auch noch aufhören, euch alles zu erklären.«

(Hans Meyer)

»Ich habe gestern wieder Ergebnisse getippt. Wenn Sie die hören würden, glauben Sie, ich habe gar keine Ahnung.«

»Es fragt morgen keiner nach dem Wie. Maximal wird im ›Doppelpass‹ irgendein Käse erzählt.«

»Weil drei Verteidiger ausgefallen sind.«

(Auf die Frage, warum Stürmer Jan Koller auf der Bank saß)

Es gibt Dinge, die kann man sich nicht ausdenken, so verrückt sind die. In der **Saison 2010/11 hisst ein Mitarbeiter der Firma**, die das durch die extreme Witterung beschädigte Dach der Arena auf Schalke reparieren soll, **eine weithin sichtbare BVB-Fahne hoch oben auf der weißen Plane**. Der verantwortliche technische Leiter ist außer sich vor Wut: **»Unglaublich, wie einer so unsensibel sein kann!«** Schnell wird klar, dass es sich bei dem Mann um einen fanatischen Anhänger der Schwarz-Gelben handelt, der die Gunst der Stunde einfach ausnutzen musste. Natürlich wird er sogleich freigestellt. **»Der arbeitet hier nicht mehr. Der war hier, um Schnee zu schippen, und nicht, um Dekorationen vorzunehmen«**, so der Leiter der Arena eindeutig. Doch trotz einer groß angelegten Suchaktion bleibt der »Sensations-Typ« (O-Ton BVB-Legende Aki Schmidt) unentdeckt. Da helfen auch keine Lockangebote. Ein Dortmunder Hotel will den mutigen Fahnenmann mit einem Jahr Freibier belohnen, doch er genießt seinen Triumph lieber still und für sich.

Jürgen Klopp stellt sich als neuer BVB-Trainer vor: »**Ich habe Riesenlust, hier zu arbeiten. Wir werden einige Vollgas-Veranstaltungen ablaufen lassen. Rasenschach wird es bei mir nie geben. Wenn Spiele langweilig sind, verlieren sie ihre Berechtigung.**«

»Der Lattek, als er noch Trainer war.«

(Udo Lattek auf die Frage, wer der beste Bundesligatrainer sei)

»Ein Tusch für den jungen Lusch!«

(Die Presse in Dortmund feiert reimfest den Neuzugang der Borussia.)

»Du könntest eigentlich auch **mal wieder zum Friseur** gehen. **Du siehst ja aus wie ein Weib von hinten.**«

(Rüdiger Abramczik zum Schalker Helmut Kremers)

Weitere Spieler mit toller Haarpracht: Wolfgang Vöge und Michael Griehsbach, Michael Lusch, Jörg Horn

»Er muss ja nicht unbedingt dahin laufen, wo ich hingrätsche.«

(Neven Subotic)

Trainer

»Auf die **Einstellung** kommt es an, nicht auf die **Aufstellung**.«

(Reinhard Saftig)

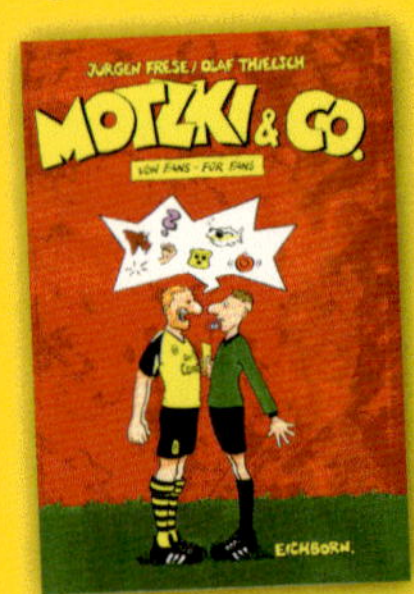

»Wenn ich am Ende vorn stehe, können mich die Leute auch ›Arschloch‹ nennen. **Das ist mir egal**.«

(Matthias Sammer über seinen Spitznamen »Motzki«)

»Wenn i a Obst ess', spür' i a Druck.«

(Max Merkel auf die Frage, ob er Erfolgsdruck verspüre)

»Dragoslav Stepanovic hat mich mal vor einem Hallenturnier gefragt, ob ich auch schon mal Halle gespielt hätte. Als ich das bejahte, sagte er nur: ›Gut, aber heute nicht.‹«

(Jürgen Klopp)

Stepi (Mitte) und Klopp (unten rechts) bei Rot-Weiß Frankfurt nach der Oberligameisterschaft

»Schalke,
das ist ja wie im Kaufhof mit der Mutti.«

(BVB-Profi Burkhard Segler kann sich irgendwie nicht an die Rolltreppe gewöhnen, die im Parkstadion aus den Katakomben aufs Spielfeld führt.)

»Zukunft, das ist die Zeit, in der du bereust, dass du das, was du heute tun kannst, nicht getan hast.«

(Udo Lattek)

»Wollen Sie ihn tot oder lebendig?«

(Vorstopper Amand Theis zu seinem Trainer Udo Lattek)

»In Fachkreisen nennt man mich Mr. UHU, weil mir der Ball immer am Fuß klebt.«

(Thomas Häßler)

Starschnitt Max Merkel

»Viele alte Leute haben das Glück, körperlich und geistig gesund Ratschläge und Erkenntnisse weitergeben zu können. Herr Merkel gehört leider nicht dazu. Ihm ist aber zu wünschen, dass er wenigstens körperlich unversehrt bleibt.«

(Benno Möhlmann)

»Der Nerlinger, der schießt auf 100 Meter 'ne Kuh kaputt!«

(Max Merkel über Christian Nerlinger)

»Ich glaube, es ist leichter, **einen Rollmops durch Mund-zu-Mund-Beatmung** wieder ins Leben zu holen.«

(Max Merkel über die UEFA-Cup-Chancen des BVB)

»Der lange Koller neben dem schmächtigen Rosicky – ich dachte, da führt einer seinen Yorkshire Gassi.«

(Max Merkel über die Dortmunder Jan Koller und Tomas Rosicky)

»Da gibt es ja auch noch den Künstler Smolarek. An guten Tagen kann der Pole **einen Eckball treten und ihn danach höchstpersönlich gleich ins Tor köpfen.** Wehe aber, es läuft nicht! Smolarek ist ein Sensibelchen. Wenn ihm morgens beim Frühstück ein **weichgekochtes Ei auf den Fuß fällt, rennt er zum Arzt und redet von Mittelfußbruch.**«

»Der behandelt Spieler, als wären das alles Menschen zweiter Klasse. Als Spieler muss man unheimlich auf die eigene Frau aufpassen, wenn er in der Nähe ist.«

(Max Merkel über Udo Lattek)

»Der neue BVB-Chefeinkäufer kann da nur Harry Hungermann heißen.«

(Über die Neuzugänge bei Borussia Dortmund)

»Der Bengel ist so empfindlich, der holt sich sogar einen Schnupfen, wenn er zu nah an der Drehtür steht.«

(Max Merkel über Andreas Möller)

Starschnitt
Thomas Doll

»Dass wir in der Bundesliga nicht gut stehen und auch einige Spiele nicht gut gespielt haben, das wissen wir. Aber dass man nicht mal anfängt und sagt: **Geile Kiste, internationaler Fußball, Finale, gut aus der Affäre gezogen. … Nein, es geht nur, nur … Wenn man was Schlechtes sehen will, sieht man was Schlechtes.** Wenn man die andere Seite sehen will, kann man vielleicht auch mal die andere Seite sehen. Und das ist das, was mich so ärgert. Wir sollen jetzt am Freitagabend eine Mannschaft auf den Platz bringen, die durchs Feuer geht, aus der aber acht Mann hier eigentlich gar keine Rolle mehr spielen.

Da lach ich mir doch den Arsch ab. Echt.«

»Wir müssen vor dem Tor einfach COOLER sein, einfach HEISSER.«

»Wir brauchen keinen Psychiater, sondern einen Heimsieg.«

(Alexander Frei)

»Sie hat immer gefragt: ›Wann spielst du wieder?‹ Das ging mir schließlich auf die Nerven.«

(Günter Breitzke auf die Frage, warum er sich von seiner Freundin getrennt habe)

»Was heißt brutto oder netto?
Bar auf die Hand will ich's!«

(Rüdiger Abramczik)

»Das **miserable Management** hat dafür gesorgt, dass **die Spieler nur noch Matsch in der Birne und Blei in den Beinen** haben.«

(Großaktionär Florian Homm auf der Jahreshauptversammlung des BVB)

Starschnitt

Jürgen Klopp

Vor laufenden Kameras fällt Superstar **Zlatan Ibrahimovic** auf der FIFA-Fußball-Gala im Januar 2014 in Zürich dem BVB-Trainer um den Hals. Der Schwede lächelt Klopp an: **»Sag mal, wann holst du mich denn endlich nach Dortmund?«** Klopp taumelt leicht irritiert zurück, schüttelt weiter Ibras Hand und stammelt dann: **»Na ja, dafür müsste ich erst meine komplette Mannschaft verkaufen.«** Ibrahimovic schüttelt den Kopf: **»Ach, ich komme doch umsonst. Das sollte jetzt nur nicht der Präsident von Paris hören.«**

»Wenn es hier nach Schweiß stinkt, bin ich das. Das Spiel war so aufregend.«

(Zu seinem Schalker Kollegen Fred Rutten)

»Hätte ich auf dem Platz immer so konzentriert Doppelpässe gespielt wie vor der Kamera, wäre ich als Spieler garantiert erfolgreicher gewesen.«

»Freunde der Südsee, geht mir damit nicht auf den Sack.«

(Nach dem fünften Spieltag auf die Frage von Journalisten, ob seine Mannschaft denn nun Meister werde)

»Wir haben **schlecht angefangen**, um dann **ein bisschen nachzulassen.**«

»Was kann man da gewinnen? **Eine DSL-Telefonleitung?** Ich ziehe nämlich gerade um.«

(Über den T-Home-Cup)

»Ich kann **Schütze Arsch** im zwölften Glied sein und bin trotzdem wichtig, weil auch ich meinen Auftrag und meine Rolle habe.«

(Über die Rolle der Ersatzspieler)

»Wenn die Zuschauer Emotionen wollen, du aber Rasenschach anbietest, muss sich einer von beiden ein neues Stadion suchen.«

Jürgen Klopp im November 2002

Die Spieler von Borussia Dortmund sind in der Saison 2009/10 so trainingsfleißig, dass sie zumeist noch lange nach dem Ende der Übungseinheiten auf dem Platz stehen und Freistöße und Flanken üben. Eigentlich ein Grund zur Freude für jeden Coach. Doch Trainer Jürgen Klopp hat eines Tages genug. Als er nach über 45 Minuten immer noch alleine unter der Dusche auf jemanden wartet, der ihm den Rücken schrubbt, zieht er sich wieder an und geht nach draußen. Dort brüllt er dann:

»So, Kinder! Ich stelle gleich das Flutlicht ab!«

»Er hat eine schicke Frisur, eine sympathische Frau und einen guten Humor. Allerdings auch einen Vertrag bei Borussia Dortmund bis 2018.«

(Bundestrainer Jogi Löw auf die Frage, warum Jürgen Klopp sein Nachfolger wird)

Starschnitt
Udo Lattek

Im Jahr 2000 kehrt Udo Lattek zu seiner früheren Station im Revier zurück. Borussia Dortmund steht kurz vor dem Ende der Saison direkt am Abgrund, als Präsident Gerd Niebaum die irre Idee hat, Udo Lattek noch einmal auf den Posten des Cheftrainers zu befördern. Doch bevor er Dortmund retten kann, muss man sich erst einmal in Geldsachen einig werden. Stolz erzählt Lattek später, es wäre schlussendlich nicht die kolportierte eine Million gewesen, die Dortmund für diese fünf Spiele zahlte, sondern deren zwei. Und zusätzlich soll es einen neuen Mercedes 500 gegeben haben, da Lattek gesehen hatte, dass Gerd Niebaum solch ein ebenso schönes wie seltenes Auto bereits fuhr. **»Du Hund«**, habe der Präsident bei dieser Forderung gerufen, aber schließlich doch eingeschlagen. Lattek hat mal wieder das Optimale herausgeholt. Frei nach seiner Maxime: **»Ich habe das Geld immer genommen. Ich wollte schließlich niemandem wehtun.«**

Udo Lattek und sein Assistent Matthias Sammer im Mai 2000

»Wenn es in Dortmund nicht so läuft, fängt das Publikum erst mal langsam an, **nichts zu machen.**«

Wenn in einem Verein mal der Haussegen schief hängt, sollte ein Trainer nicht versuchen, bedingungslos die Wände danach auszurichten.

»Ich habe alle gekriegt, die ich wollte. Nur bei meiner Frau: Da war ich es, der eingekauft wurde.«

»Ich bin an der **Schwelle zum Lebensabend** angelangt, und **abends wird es bekanntlich dämmrig**. Aber wenn **im Stadion die Flutlichtanlage** angeht, dann **wird's wieder hell** in meinem Leben – als käme da **noch mal so was wie ein Morgen.**«

Starschnitt Dede

»Ich kann Dede nur empfehlen, auf seine Gehaltsabrechnung zu schauen. Dann ist seine Frage schnell beantwortet.«

»Was soll ich sagen?! Scheiße gespielt, scheiße verloren. Scheiße!«

(Michael Meier auf die in einem Interview gestellte Frage des Brasilianers nach dem Verbleib der durch den Börsengang des BVB eingenommenen Millionen)

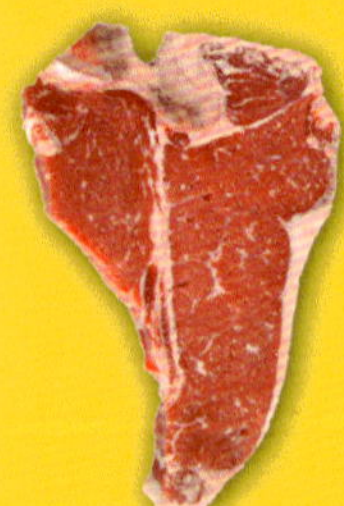

»Jahrelang haben wir hier nur Knochen genagt. Und jetzt, wo es wieder Steaks gibt, muss ich weg. Das tut weh.«

(Sehr traurig über seinen Abschied 2011 beim BVB)

»Ja, auf jeden Fall.
Ich habe mit ihm aber nicht zusammengespielt!«

*(Auf die Frage, **ob er Udo Jürgens kenne**, der als Stargast bei der 100-Jahr-Feier des BVB auftrat)*

»Das **schwarz-gelbe Trikot** ist meine zweite Haut geworden.«

»Uns haben nur noch die Pappnasen gefehlt. Das wäre die richtige Verkleidung für dieses Karnevalsspiel gewesen.«

(Mittelfeldspieler Werner Schneider nach einem kuriosen Pokalspiel im Jahr 1980)

»Unsere ganz jungen Spieler haben sich zu Weihnachten ein **Extra-Spielzeug** verdient.«

(Reinhard Rauball über die Leistungen der jungen Dortmunder Spieler)

»Ich habe ihn gefragt, ob er weltmeisterlich schießt. Aber er wusste es nicht genau.«

(Frage an Andreas Brehme vor einem Elfmeter-Duell zwischen ihm und Jens Lehmann)

»Irgendwann kommt man morgens zum Training und ist gar nicht mehr Coach.«

(Bernd Krauss)

Trainer

»Ich glaube, Dede hatte gar keine Stollenschuhe an. Aber wenn ich mich in Zukunft auch noch um die Schuhe der Spieler kümmern muss, kann ich demnächst vor dem Spiel ja auch noch den Platz abkreiden.«

(BVB-Trainer Bernd Krauss über die Standprobleme seiner Profis)

»Ich war fußballerisch noch limitierter als Jürgen Klinsmann. Aber immerhin habe ich es auf **325 Zweitligaspiele** gebracht, **ohne einen einzigen Trick** zu beherrschen.«

(Jürgen Klopp)

»Wer geht schon **freiwillig zur Nummer 2**?«

(Ottmar Hitzfeld, nachdem Steffen Freund ein Angebot des FC Bayern abgelehnt hatte. Der BVB war zu diesem Zeitpunkt einen Platz vor den Bayern.)

»Wenn ich BVB-Trainer bin, kämpfe ich bis zum letzten Blutstropfen. Da ziehen alle mit – oder **es gibt auf die Fresse**. Da nagelt man die Spieler öffentlich an die Wand, so dass die nicht in Ruhe zum Bäcker gehen können.«

(Udo Lattek)

Einen Versuch war es wert. Da den **Brasilianern in der Bundesliga der Ruf vorausgeht, dass sie es nie schaffen, pünktlich aus den Ferien zu kommen**, hat sich der BVB etwas Spezielles überlegt: Man schlägt das **Winter-Trainingslager gleich dort auf, wo Cesar zu Hause ist**. Und so reisen die Borussen nach Brasilien. Alle Mann in einem Flugzeug, bis auf Cesar, denn der ist ja schon vor Ort. Dummerweise aber nicht dort, wo die Borussia ihr Trainingslager abhalten möchte. Brasilien ist groß, die Ferien kurz, und so **trudelt Cesar wie gewöhnlich mit Verspätung bei seiner Mannschaft ein**. Manager Meier ist trotzdem zufrieden:

»Er hat seinen guten Willen gezeigt und sich sofort ins Auto gesetzt. Am zweiten Tag war er bereits da!«

Trainer Hitzfeld über seinen auch beim weiblichen Geschlecht sehr beliebten BVB-Star Julio Cesar:

»Julio hat für jedes Körperteil ein eigenes Duftwasser!«

Starschnitt Westfalenstadion

Kurios: Das **erste Tor im neuen Westfalenstadion schoss** am 2. April 1974 die inzwischen leider verstorbene **Elisabeth Podschwadtke.** Sie traf im Spiel des **TBV Mengede gegen den VfB Waltrop**, das vor dem eigentlichen Eröffnungsspiel von Borussia Dortmund gegen die Nachbarn aus Gelsenkirchen ausgetragen wurde.

»Das Westfalenstadion ist wie ein Löwenkäfig … und ich werde die Löwen loslassen!«

(Timo Konietzka, der durchtrainierte Trainer der Borussen: »Seit 1959 habe ich 72 Kilogramm.«)

»Im Westfalenstadion berauscht dich die Masse dermaßen, da kannst du vom Beifall fast 'nen Orgasmus kriegen.«

(Max Merkel)

»Diese Anlage hat einen Nachteil – sie steht nicht in Köln.«

(Wolfgang Overath zeigt sich begeistert vom neuen Dortmunder Stadion.)

»Da kriegt man so viel Selbstvertrauen. Ich war oft total sauer, dass der Schiedsrichter nach 90 Minuten abgepfiffen hat.«

(Lothar Huber über die Stimmung im Westfalenstadion)

»Mir war es leider nie vergönnt, vor so einer Kulisse wie im Westfalenstadion zu spielen. Bei mir waren es vielleicht in der gesamten Karriere 80.000 Zuschauer.«

(Jürgen Klopp)

»Champagnerfußball passt vielleicht nach München, aber nicht ins Westfalenstadion. **Wir trinken Pils**.«

(Michael Meier)

»Wenn im Westfalenstadion der Rasen gemäht wird, stehen hinterher 20 Mann zusammen und erzählen, wie es gewesen ist.«

(Max Merkel)

»Hier kommst du zum Warmlaufen auf den Platz und glaubst, du führst schon 2:0.«

(Libero Thomas Kroth über die Begeisterung der Fans im Westfalenstadion)

»Maler und Lackierer für farbige Spiele.«

(Fan-Plakat im Westfalenstadion in den neunziger Jahren)

Michallek sitzt auf der Kiste. Halbzeit in Meiderich (0:0). Trainer »Bumbes« Schmidt redet auf die Mannschaft ein. Ganz links Preißler.

Trainer Hans »Bumbes« Schmidt ist in den Jahren von 1951 bis 1954 bei seiner Mannschaft gefürchtet. Der harte Franke hat so seine ganz eigene Art, sich bei den Spielern Respekt zu verschaffen. Wenn die Montags-Stammtischrunde bis früh in den nächsten Morgen tagt, gesellt sich der Trainer gerne gegen zwei, drei Uhr dazu, trinkt in Ruhe ein paar Bierchen mit seinen Jungs und zieht lustig an seiner Zigarre. Alles scheint in bester Ordnung. Bis »Bumbes« seinen Mantel anzieht und sich mit einem vielsagenden Lächeln bei Koschmieder, Michallek, Mikuda und Co. verabschiedet: »Bis heute Nachmittag!«

Beim Training ein paar Stunden später lässt er die Mannschaft Meter machen. Nicht wenige Kneipenfreunde der Nacht hätten den geselligen Übungsleiter daraufhin nach getaner Arbeit am liebsten umgebracht.

»In Dortmund hast du immer ein Gefühl wie beim Militär.«

(Sunday Oliseh über seinen Ex-Verein)

»Die haben Fußball-Fachmänner, die haben **so viel Ahnung vom Fußball wie ich vom Breakdance**.«

(Thomas Häßler über seinen Ex-Klub)

»Die brauchen Eier. Und einen, der ihnen da mal kräftig reintritt.«

(Udo Lattek über die anhaltend schwachen Auftritte der vermeintlichen Starspieler des BVB)

»Ich bin fest davon überzeugt, dass Borussia Dortmund in der 2. Liga … äh … in der 1. Liga bleibt.«

(Pikanter Versprecher von Bayern-Trainer Ottmar Hitzfeld)

»Die Schale, die nach 32 Jahren nach Dortmund zurückgekehrt war, sollte entführt werden: von Elefanten, von Königen, und zuletzt sogar von Kaisern. Aber keiner hat es geschafft.«

(Gerd Niebaum)

Manchmal ist die Wahrheit so unglaublich einfach, wie BVB-Torjäger **Daniel Simmes** erzählt:

»Ribbeck hat uns überzeugt, wie schlecht es ist, wenn wir absteigen!«

»Ich sehe in der Bundesliga Spieler, denen springt beim Stoppen der Ball weiter vom Fuß, als ich ihn jemals schießen konnte.«

(Horst Köppel)

»Von einem Profi verlange ich, dass er sich stark fühlt. Sonst soll er sich **ins Bett legen und von Omi pflegen lassen.**«

(Ottmar Hitzfeld)

Das konnte nicht gut gehen. **Die Amateure des SV Hohenlimburg wollen mit verbundenen Augen den Deutschen Meister beim Elfmeterschießen schlagen – live zur Primetime in der ZDF-Sendung »Wetten, dass ...?«.** Doch Knut Reinhardt und seine Kollegen verwandeln mit ihren zugeklebten Brillen mehr Strafstöße gegen den Bielefelder Torhüter Uli Stein als die Amateure. Kommentiert wird der launige Spaß wie immer von Showmaster Thomas Gottschalk höchstpersönlich.

Die Spielzeit **1999/2000** ist eine ganz miese. Mit einem Banner im Westfalenstadion zeigen die BVB-Fans auf amüsante Art und Weise ihren Unmut:
»SV Rödinghausen. Kreisliga C. Sollen wir uns warmlaufen?«

»Ich bin von so einer Dreckswespe gestochen worden. Manni hat sie mir in den Arm gerammt.«

(Jürgen Klopp über einen Wespenstich, als Sven »Manni« Bender die Biene mit der Hand verscheuchte und Klopp beim Abklatschen gestochen wurde)

Starschnitt

Jürgen Klopp

»Bei uns ist alles im Lack. Immerhin haben wir ja die 2. Halbzeit 2:2 gespielt.«

(Nach einer 2:4-Niederlage)

»Fußball habe ich schon recht früh verstanden, ich konnte es nur nicht umsetzen. Über dem Hals war ich stärker als drunter.«

»Im Spiel denken die Spieler ab und zu selbstständig, und man sieht ja, was dabei rauskommt.«

»Es ist hinreichend bekannt, dass Jürgen Klopp der einzige Bundesliga-Trainer ist, der **keine Maske tragen muss, um die Kinder an Halloween zu erschrecken.**«

(Der britische »Guardian« über Jürgen Klopp)

»In Extremsituationen muss man ideenreich sein. Den Junggesellenabschied eines Kumpels haben wir im Nikolaus-Kostüm gefeiert. Voll maskiert.«

»UEFA-Cup-Feeling?
Ist das so was wie Sodbrennen?«

Reporterin: »Hat Shinji Kagawa Dortmund verstärkt?«
Klopp: »Ja.«
Reporterin: »Etwas mehr?«
Klopp: »Ja, absolut.«

»Gib mir mal eure Frequenz. Ich kriege seit Tagen nur WDR 4.«
(Zu einem Radio-Reporter)

»Hey Schiri, hast du das Abseits geschätzt?«

»Ich mag Jogi Löw. Ich benutze sein Deo, sein Shampoo …«
(Nach der Länderspiel-Nominierung einiger BVB-Spieler)

Lars Ricken ist kein Fan des **»Biene Maja«-Songs**, der 1995 aufgenommen wird. Der Dortmunder hört lieber Heavy Metal, gibt als sein aktuelles Lieblingslied »One« von »Metallica« an und hat gerade mit der Band »Phantoms of Future« einen eigenen Song eingespielt. Doch die Geschmäcker sind bekanntlich verschieden, und so haben Schlagerbarde **Karel Gott** (»Die goldene Stimme von Prag«) und BVB-Stadionsprecher **Norbert Dickel** das Lied »Schwarzgelb – wie Biene Maja« aufgenommen. Unterstützt werden sie bei ihrem Song von einem stimmgewaltigen Männerchor: den Vorsitzenden der Dortmunder Fanklubs. Und die singen voller Inbrunst den Refrain: **»Und alle Freunde sehen aus wie Biene Maja, schwarz-gelb wie die Biene Maja«!**

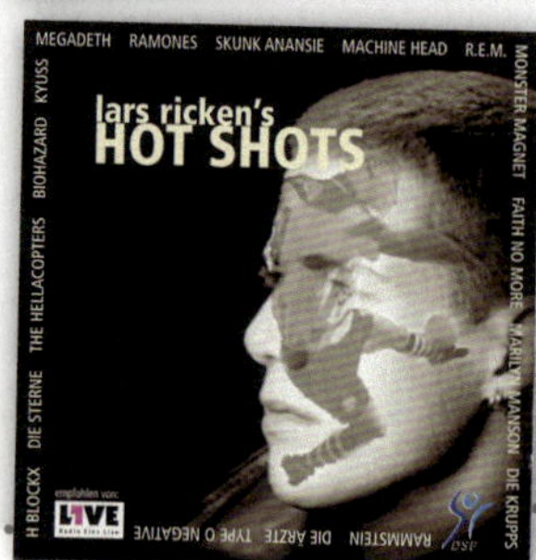

„Eins, zwei, Zauberei.
Drei, vier, im Revier.
Fünf, sechs, wie verhext.
Sieben, acht, Borussenmacht“,

spricht der Kölner Tatort-Kommissar und Fan des BVB, **Dietmar Bär,** stakkatoartig von einem psychedelischen Technobeat unterlegt ins Mikrofon. Und weil es so schön ist, schickt er noch ein halb gesungenes „Jaja, was ist los, was ist das? Jaja, Borussia vor, Borussiamacht. Jaja, das ist schön, das macht Spaß“ hinterher.

»Es ist egal, ob ein Spieler bei Bayern München spielt oder sonstwo im Ausland.«

(Erich Ribbeck)

»Wenn die Herren Niebaum/Meier erzählen: **›Morgen scheint die Sonne‹,** packst am besten gleich den **Regenschirm** ein. Die verkaufen einem auch eine **Banane als Blasinstrument** …«

(Max Merkel)

»Die Frage für Borussia Dortmund iss: Kaufsse jetz so'n Carew, oder kaufsse den Busfahrer von Wattenscheid, weil der alle Wege inne Zweite Liga kennt?«

(Kabarettist & Fan Bruno Knust fürchtete den Abstieg.)

»Der hat eine solche Kraft in seinem Fuß, der kann einen Ochsen umschießen!«

(Timo Konietzka über das junge Talent Ingo Anderbrügge)

»Wenn die Kacke einmal am Dampfen ist, dann kommt man in einen Negativ-Trend.«

(Fredi Bobic)

Starschnitt
Jan Koller

Jan Koller konnte nicht nur Tore schießen, sondern auch Tore verhindern wie hier im Dezember 2002.

»Der Koller ist 20 Zentimeter größer als unsere Spieler. Es ist eigentlich nicht fair, dass der mitspielen darf.«

(Jürgen Klopp, als er noch in Mainz trainierte)

»Wenn er auf dem Platz ist, habe ich das Gefühl, dass alle anderen Stürmer zusammen nur 1,50 Meter groß sind.«

(Matthias Sammer)

»Jan Koller – mit 2,02 Meter Körpergröße der überragende Spieler da vorne.«

(Thomas Wark, ZDF-Kommentator)

»Wir werden schon einen auspacken, der nicht unbedingt eine Leiter braucht.«

(Werder Bremens Trainer Thomas Schaaf zur Frage nach dem Gegenspieler des 2,02-Meter-Mannes)

Als der geniale Mittelläufer **Max Michallek** einmal die Abfahrt zu einem Vorrundenspiel in Berlin verpasst, klagt er nicht etwa sein Leid, sondern geht zum Dortmunder Hauptbahnhof und fährt mit einem Kohlenzug hinterher. Um den Fahrpreis zurückzahlen zu können, schippt er vorne im Zug eifrig das schwarze Gold in den Kessel. An der Grenze in Helmstedt warten schon ganz neugierig die russischen Militärposten auf ihn. Rußschwarz und ohne Ausweis tritt Michallek vor die Besatzermächte und befürchtet das Aus seiner Reise. Doch er hat Glück. Der BVB hat Bescheid gesagt, und so lächelt ein Grenzer den Star im Outfit eines Bergmanns radebrechend an: **»Du Michallek, großer Fußballer, du darfst weiter.«** In Berlin hat der echte Ruhrgebietskerl dann noch eben locker zwei Buden für seine Borussia gemacht.

Michallek im Zweikampf mit dem Schalker Dargaschewski im Jahr 1949

Herne-West

»Vor Schalke!«

(Lars Ricken auf die Frage, auf welchem Platz Dortmund am Saisonende stehen werde)

»Möller hat mit seinem Berater bei uns um mehr Geld gepokert, gleichzeitig gesagt, er stünde bei einem anderen Klub im Wort. Dann hat er offenbart, dass er nach Schalke gehen will. **Wir haben ihm nicht gesagt, dass er bekloppt ist. Aber gedacht haben wir es schon.«**

(Michael Meier)

Journalist: »Sie treffen auf Manuel Neuer. Der steht in dem Tor, in dem Sie auch gerne stehen würden.«

Roman Weidenfeller: »Im Schalker Tor? Möchte ich nicht stehen.«

»Wie soll ich einem Blinden erklären, was Farbe ist?«

(Jürgen Klopp auf die Frage eines Schalkers, wie man Meister wird)

Barrios: »Die Hände sind nach jedem Training fast abgefroren, die Füße spüre ich manchmal gar nicht mehr. Nelson, wann kommt die Sonne wieder?«

Valdez: »Wenn wir vor Schalke sind.«

»Wir stehen hinter dem BVB – genau wie Schalke.«

(Anzeige eines Sponsors)

Für Hitzfeld übernimmt der Italiener **Nevio Scala** das Traineramt. Bei seiner Vorstellung sagt BVB-Präsident Dr. Niebaum: **»In einem Intensivkurs haben wir ihm klargemacht, was wichtig ist: Schalke schlagen.«**

»Die sind mein Feindbild Nummer eins. Immer schon! Für kein Geld der Welt würde ich dort spielen. Schalker hasse ich wie die Pest!«

(Kevin Großkreutz)

»Wenn ich den Glauben an einen Sieg über Schalke verlieren würde, würde ich aufhören zu leben.«

(Michael Meier haut auf die Populismus-Pauke.)

Beinahe wäre es gut gegangen. **Lothar Huber** hatte sich alles so schön zurechtgelegt. Ein todsicherer Plan war es in seinen Augen. Er müsste nur kurz vor dem Abflug unbemerkt in die Flughafentoilette schleichen und seelenruhig abwarten, bis die Mannschaft mit der Maschine Richtung Mittelamerika abgehoben war. Dann würde er sein Versteck wieder verlassen können, mit einer Unschuldsmiene die Schultern hochziehen und sagen: **»Sorry, aber auf dem Lokus habe ich nichts gehört.«**

Der rechte Verteidiger der Borussia aus Dortmund leidet unter einer solch **panischen Flugangst,** dass er es tatsächlich schafft, seinen Plan in die Tat umzusetzen. Während Huber auf dem Klo sitzt und die Ansagen, die in immer kürzer werdenden Abständen seinen Namen ausrufen, geduldig überhört, hebt das Flugzeug schließlich verspätet zur Mittelamerikatour des BVB ab. Doch Huber hat nicht mit der Unnachgiebigkeit der Vereinsoffiziellen gerechnet. Die finden sein improvisiertes Theaterstück überhaupt nicht komisch und packen den späteren Platzwart der Borussia ohne Skrupel in die nächste Maschine.

Vor der legendären **12:0-Niederlage bei Borussia Mönchengladbach** hatte sich Dortmunds Präsident Heinz Funke in einem Fernsehinterview zu den Meisterschaftschancen der rheinischen Borussia geäußert und wortwörtlich gemeint: **»Ja, da müssten wir schon 0:12 verlieren.«** Ein überraschend exakter Tipp! BVB-Profi Lothar Huber erinnert sich jedenfalls noch gut, wie das an diesem Tag alles endete: **»Nach dem 0:10 hat keiner mehr den Ball aus dem Tor geholt. Da lief der Schiedsrichter, den Ball unterm Arm, zur Mittellinie.«**

»Horst Hrubesch sah ja auch an besseren Tagen nach dem Aufstehen so aus, als ob er sich mit einer Bratpfanne ins Gesicht gehauen hat.«

(Oliver Welke)

»Wenn irgendwann Arbeitssiege nichts mehr wert sein sollten, bin ich definitiv drei Wochen zu lange hier.«

(Jürgen Klopp)

Schiedsrichter

»Der Schiedsrichter hätte bedenken können, dass ein Fußballgott Abschied nimmt. Das haben wir vergessen, ihm zu sagen.«

(Gerd Niebaum zur Roten Karte im UEFA-Cup-Finale in Rotterdam, Jürgen Kohlers letztem Spiel)

»Ich werde dem Schiedsrichter meinen Optiker empfehlen.«

(Jürgen Kohler)

»Ich würde lieber unter der Berichterstattung leiden als unter Schiedsrichter-Entscheidungen.«

(Jürgen Klopp, nachdem sich Felix Magath über die Berichterstattung aufgeregt hatte)

Frank Mill pflegte den Schiedsrichtern nach einem Foul stets zu sagen: **»Ich wasche meine Hände in Unschuld.«**

»Es wäre eine absolute Farce gewesen, den Dortmundern Gelb zu geben. Die spielen ja schon in Gelb.«

(Mannheims Klaus Schlappner)

Große Weisheiten

»Zebec hat mir die Erleuchtung gebracht!«

(Dortmunds Mirko Votava verehrt seinen Trainer.)

»Zu viel denken ist immer schlecht.«

(Jürgen Kohler)

»Nur weil ich ein Jahr gut Nudeln gegessen habe, bin ich doch noch nicht satt!«

(Italien-Heimkehrer Stefan Reuter)

»Dat Unterbewusstsein ist dort, wo der Mensch nix dafür kann.«

(Adi Preißler)

»Man hat wieder gesehen: Wenn die Null bei uns steht, bleiben wir unschlagbar.«

(Markus Brzenska)

»Die Taktik war in Ordnung, nur der Gegner war zu stark.«

(Martin Kree)

Starschnitt
Jürgen Kohler

»Ich habe **19 Jahre lang den schönsten Beruf ausgeübt**, den es gibt.«

»Filmt mich nicht von oben, dann sieht man meine Glatze.«

»Gestern hat's geregnet und heute schien die Sonne – da muss sich der Körper erst mal darauf einstellen!«

(Erklärungsversuch für eine schwache Anfangsphase)

»Für Kohlers Verhältnisse war der Pass gar nicht schlecht.«

(Marcel Reif zu einem Pass, der über fünf Meter gespielt im Seitenaus landete)

»Ein Hackentrick von Jürgen Kohler – das kann ja nicht gut gehen.«

(Manfred Breuckmann)

»Seit ich **keinen Schnäuzer mehr** habe, **bin ich wieder ein Thema** für die.«

(Über die »Bravo«)

Fußballgott Jürgen Kohler mit der Meisterschale im Mai 1996

»Kohler köpft alles weg, der würde sogar eine Kiste Bier aus dem Strafraum köpfen.«

(Jörg Dahlmann)

»Ich sehe Spieler, die sprechen mehr mit der Presse als mit ihrem eigenen Trainer.«

(Jürgen Kohler als Konter auf Rickens legendäre Nike-Werbung)

»Auch wenn hier der Fußballgott steht. Ich muss mal durch.«

***(Schalkes Mike Büskens nach dem 1:0 über den BVB,** als ihm Jürgen Kohler im Weg stand.)*

»Metzelder könnte einer sein, der, wenn **Jürgen Kohler in 20, 30 Jahren abtritt**, die Lücke schließen kann.«

(ZDF-Kommentator Aris Donzelli)

Starschnitt

Jürgen »Kobra« Wegmann

»Ich werde ein Buch schreiben. Ich weiß noch nicht, was drin steht, aber es wird 19,90 Mark kosten.«

1983/84 wechselt Wegmann in der Winterpause **von Essen nach Dortmund** und bringt sich verbal gleich in Stellung: **»Die Tore sind auch in der Bundesliga nicht kleiner!«** Und ein festes Ziel hat er auch: **»Wenn ich die Schnapszahl von 666 Toren erreicht habe, gebe ich einen aus!«** Manche warten noch heute auf die Runde der »Kobra«.

»Zuerst hatten wir kein Glück, und dann kam auch noch Pech dazu.«

»Ich habe immer gesagt, dass ich niemals nach Österreich wechseln würde.«

*(Auf die Frage, **ob er zum FC Basel wechselt**)*

»Du musst nur wollen. Du musst fest dran glauben, dass die Kugel reinfährt. Dann fährt sie auch rein.«

»Ich bin giftiger als die giftigste Schlange.«

In der Relegation der Saison 1985/86 kommt es zu einem packenden Finale zwischen Fortuna Köln und Borussia Dortmund. Bis in die Nachspielzeit der zweiten Partie ist die Fortuna aufgestiegen. Doch dann **schlägt in allerletzter Sekunde die »Kobra« zu**. Jürgen Wegmann nach der Begegnung ganz locker:

»Wenn ich im Sturmzentrum spiele, mache ich immer meine Kirschen. Das war immer so und wird auch immer so bleiben.«

Auf die Frage, ob er sich einen Wagen mit oder ohne Katalysator gekauft habe, antwortet die Kobra ohne Umschweife:

»Nee, Renault!«

»Das muss man verstehen, dass er Schwierigkeiten hat sich einzugewöhnen. **Er ist die deutsche Sprache noch nicht mächtig.**«

»Es ist einfach ein großer Spaß, den anderen nicht mögen zu dürfen.«

(Mats Hummels zur Rivalität zwischen Dortmund und Schalke)

ZIELGRUPPEN-ANALYSE

MATS, 16

Wohnort: München
Beruf/Ausbildung: Schüler (11. Klasse)
Monatliches Einkommen (~): 270 EUR
Hobbies/Interessen: Fußball (spielen)
Welche Modemarken kaufen Sie normalerweise? Levi's, H&M
Haben Sie eine Lieblingsmarke? keine
Wie viel Geld geben Sie im Monat für Kleidung aus? 60 bis 70 EUR
Welche Marke würden Sie kaufen, wenn Sie finanziell uneingeschränkt wären? Diesel
Was haben Sie als letztes gekauft? Schuhe von Puma

bvb.de: »Schafft der BVB den sechsten Sieg in Serie, Herr Klopp?«

Jürgen Klopp: »Ich habe noch nie sechsmal in Folge gewonnen, aber schon siebenmal hintereinander verloren. Das war sogar sehr einfach!«

»Ja, Glühwein getrunken!«

(Mario Götze auf die Frage, ob Dortmund in der Halbzeit auf Wintermodus umgeschaltet habe)

Frage an Fußballtrainer Bernd Krauss: »Herr Krauss, Sie spielen in Ihrer Freizeit Tennis. Wie gehen Sie da mit Niederlagen um?« **Antwort:** »Wie das im Sport halt so ist: Erst gratulieren, dann den Schläger zertrümmern und anschließend geht es weiter.«

Das atemberaubendste Spiel der Saison 2011/12 ist die Partie zwischen Borussia Dortmund und dem VfB Stuttgart. 4:4 endet die Begegnung, die in den letzten zwanzig Minuten ein ständiges Auf und Ab der Gefühle ist. Jürgen Klopp lächelt hinterher noch sichtlich gezeichnet:

»Jetzt wissen wieder alle, warum sie so viel blechen sollen.«

Busfahrer Horst Kowalski wird Borussias treuster Fan. Die Werbespots eines Sportartikelherstellers bringen den BVB Ende der 1990er Jahre ins Werbefernsehen. Schauspieler, Kowalski-Darsteller und Meckerfritze Willi Thomczyk ist heute noch stolz auf seine Zeit mit dem BVB: **»Ich glaube, es gibt nicht viele Spots, an die man sich nach über zehn Jahren noch erinnern kann. Da ist schon ein Stück Werbegeschichte geschrieben worden.«**

»Sollte Real Madrid gegen Borussia Dortmund eine Aufholjagd und der Einzug ins Champions-League-Finale gelingen, lasse ich meine Freundin mit allen Spielern schlafen.«

(Mario Balotelli)

»Ich habe gehört, dass Ottmar Hitzfeld gesagt hat, ich würde ihn im Biertrinken schlagen. Dessen bin ich mir sicher.«

(Udo Lattek)

»Vielleicht sollte ich mir einfach die Haare schneiden. Oder etwas zierlicher werden.«

(Roman Weidenfellers Reaktion auf die Nichtnominierung durch Jogi Löw)

»NEVEN SUBOTIC, einer, der alle Titel geholt hat, gewinnt im Lotto und hört mit dem Fußball auf.«

(Subotic auf die Frage, welche Schlagzeile er gerne über sich lesen würde)

Frage: »Wie verwöhnen Sie sich?«

Michael Schulz: »Ich lasse mich von meiner Freundin Petra verwöhnen.«

Amand Theis gilt als Raubein. Neuerdings pfeifen ihn sogar die eigenen Fans aus, was er aber nicht verstehen will: **»Damals beim Club habe ich noch wesentlich härter gespielt und wurde umjubelt. Im Übrigen hat mir der Willi Lippens gesagt, dass der Peter Stocker noch viel schlimmer reingegangen ist als ich. Der trat schon zu, wenn der Ball noch zwei Meter entfernt war.«**

Wie Michael Schulz zu seinem »Doppelnamen« kam, weiß er genau: »Ich kann mich noch gut erinnern. Nijhuis foulte mich, bekam eine Gelbe Karte und ab da schrie das ganze Pack: ›Schulz, du Sau, Schulz, du Sau!‹ Ich machte trotzdem ein gutes Spiel und ich weiß noch, dass ich hinterher beim Interview auf die Frage, warum ich denn trotz der Beschimpfungen so gut gespielt hätte, sagte: ›Ich weiß auch nicht, es ist unfassbar, wie viele Idioten in einen Fanblock reinpassen!‹«

»Wenn ich sehe, was der Junge spielt, muss ich sagen: Da habe ich früher eine andere Sportart betrieben.«

(Lars Ricken über Mario Götze)

Beim BVB gibt es nichts, was es nicht gibt. Und so verwundert es nicht, dass man in der Spielzeit **1976/77 Werbung fürs Rauchen** macht. Fortan führt der Klub einen Löwen namens »Sambo« als Vereinsmaskottchen, und auch das Wappen wird für den neuen Sponsor großzügig verändert. Zum Start der Saison prangt nun – wie im Samson-Firmenlogo – ein Löwe in der Mitte des kreisrunden Emblems.

»Ein Torwart ähnelt immer einem Artisten, der ohne Netz arbeiten muss. Greift er daneben, ist es passiert!«

(Hans Tilkowski)

»Wir haben keine Chance, aber wir werden sie nutzen.«

(Michael Schulz vor einem Europapokalspiel)

»Der macht noch mit 40 seine Tore!«

(Aki Schmidt, als er den betagten Lothar Emmerich zu sich nach Regensburg holte)

»Das war eine **Schutzschwalbe**. Ich dachte, dass Dirk Schuster mich voll umhauen würde.«

(Andreas Möller)

»Drei Punkte sind drei Punkte, und wir brauchten drei Punkte.«

(Thomas Häßler)

»Ich habe auf dem Platz versucht, nicht zu lachen. Es ist mir nicht gelungen.«

(Neven Subotic, als Jakub »Kuba« Błaszczykowski das komplett leere Tor aus sechs Metern nicht traf.)

»Es ist nicht unbedingt leichter, sich die Seele aus dem Leib zu rennen, wenn man gerade aus dem Fünf-Sterne-Bett aufgestanden ist. **Zu gemütlich macht bequem.**«

(Jürgen Klopp)

Saison 1978/79 Das war irgendwie anders geplant: Exklusiv erfährt der scheidende **Trainer Carl-Heinz Rühl** in Dortmund von seinem Nachfolger, noch bevor er selbst überhaupt rausgeworfen wurde. Und das alles nur wegen eines kleinen Fauxpas, wie Rühl erzählt:

»Am ersten Abend, an dem ich mit der Mannschaft im Trainingslager Schöneck war, ruft Dortmunds Schatzmeister Vogt bei meiner Frau an und sagt: ›Guten Abend, Frau Lattek. Kann ich bitte Ihren Mann sprechen?‹ Der Vogt hatte die Telefonnummern von Lattek und mir – wir wohnten beide in Köln – verwechselt. Jetzt war mir natürlich klar, was lief. Ich wusste nun, dass die Borussen Lattek wollten ...«

BVB-Trainer Rehhagel sagt nach der legendären 12:0-Niederlage bei Borussia Mönchengladbach: »Es kann im Fußball nicht immer nur die Sonne scheinen. Ab und zu kommen auch schon einmal Regengüsse, so wie heute.«

Raunen im Presseraum. Aus einer Ecke ist deutlich die geflüsterte Antwort eines Journalisten zu verstehen:

»Von Regen kann keine Rede sein. Das war wohl mehr Hagel, was heute auf Dortmund niederging!«

Wer will denn schon nach Gelsenkirchen?
Wenn die echten Fußballkrimis in Dortmund, London oder Rom spielen. Wir wünschen unserem Partner BVB eine erfolgreiche Saison.
BVB 09
easyJet.com
Come on, let's fly!

FÜR SCHALKER GILT WIE IMMER: NUR GUCKEN, NICHT ANFASSEN!
Das neue BVB-Trikot - jetzt überall bei Karstadt sports.
EVONIK
KARSTADT

Als BVB-Fan hat man so seine Prinzipien. Auch wenn's schwerfällt …

Wolfsburg
Berlin
Osnabrück
Stuttgart
Dortmund
Magdeburg
Flensburg
Hannover
Frankfurt am Main
Koblenz
Freiburg
Hamburg
München
Bayreuth
Bremen
Hoffenheim
Nürnberg
Leverkusen
Mainz
Markt Garmisch-Partenkirchen
Köln
Ihr habt's geschafft, Jungs: Ganz Deutschland ist schwarz-gelb.
Ihr habt die Schale gewonnen! Doch was noch wichtiger ist: auch unsere Herzen. Danke, BVB.
EVONIK INDUSTRIES

BVB 09
Was haben das Dortmunder Spiel und Werbepausen im Fernsehen gemeinsam? Schnelles Umschalten ist entscheidend.
Wir stehen hinter dem BVB.
EVONIK INDUSTRIES

Starschnitt

Andreas Möller

»Ich hatte vom **Feeling her ein gutes Gefühl**.«

»Das ist eine Deprimierung.«

»Ich denke, dass ich auch jemand bin, den man sehr gut anfassen kann.«

»Das kommt noch.«

(Auf die Frage, warum er es trotz vieler Erfolge nie zum Weltstar gebracht habe)

»Mailand oder Madrid –

Hauptsache Italien!«

»Hoffentlich wird er nur für ein Spiel gesperrt.«

(Nach einer Gelb-Roten-Karte für seinen Gegenspieler durch eine Schwalbe von Möller)

»Wer sein böses Image weg hat, kann strampeln wie ein Maikäfer auf dem Rücken. Keiner hilft einem auf die Beine. Dabei bin ich doch **ein ganz normaler Junge**.«

»Mein Problem ist, dass ich immer sehr selbstkritisch bin, auch mir selbst gegenüber.«

»Ich habe mit Erich Ribbeck telefoniert, und er hat zu mir gesagt, ich stehe für die Malta-Reise nicht zur Verfügung.«

»Endlich seid ihr die Schwuchtel los.«

(Campino zum Dortmunder Konzertpublikum nach Andreas Möllers Wechsel zu Schalke 04)

Ein **Heimspiel der Saison 1976/77** muss der BVB gegen den 1. FC Köln an einem ungewohnten Ort austragen. Würmer haben den Rasen im Westfalenstadion zerfressen, und so absolviert Dortmund **die Partie in Gelsenkirchen**. Torwart Horst Bertram erinnert sich: **»Ein Heimspiel in Schalke, das fanden wir ziemlich merkwürdig. Das war ein Freitagsspiel. Da waren überall Schwarz-Gelbe, eigentlich eine ordentliche Unterstützung, aber doch kein Heimspiel in diesem Stadion. Haben wir verloren. Wie sollte man das auch gewinnen? Heimspiel in Schalke geht ja nicht!«** Tatsächlich schlägt der 1. FC Köln die Dortmunder mit 2:1. Die knapp 25.000 BVB-Fans, die widerwillig die Reise in die verhasste Stadt mitgemacht haben, fahren traurig nach Hause.

Man beachte das genaue Datum …

»Als Trainer musst du eine Sau sein.
Wenn du keine mehr bist, dann bist du tot.«

(Udo Lattek)

»Ab und zu schon, glaub ich. Kann ich mich jetzt nicht dran erinnern.«

(Jens Lehmann auf die Frage, ob Sammer die Borussen wenigstens intern mal lobt)

Um einen guten Spruch war **Tilkowski** nie verlegen. Als ihm an seinem 70. Geburtstag der ehemalige Nationalmannschaftskollege **Horst Szymaniak** gesteht, dass er nach einer Operation mittlerweile ein paar Probleme beim Laufen hat (**»Die ersten 300 Meter sind die schlimmsten«**), erwidert Tilkowski schlagfertig:

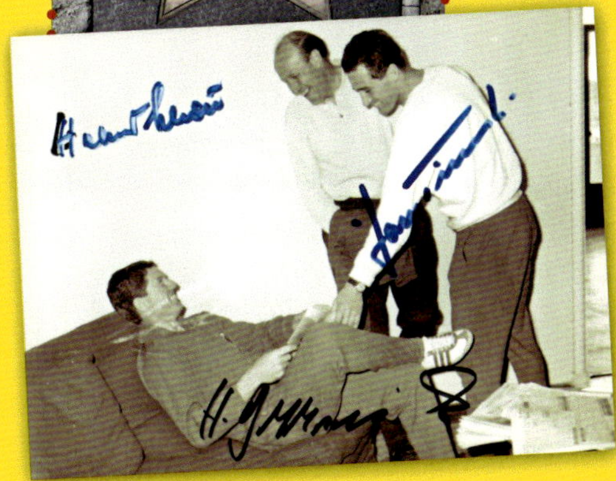

»Mensch, Horst, dann fang doch erst nach 400 Metern an.«

»Der Stürmer muss das Hecheln im Ohr haben. Das kann sehr unangenehm sein.«

(Jürgen Kohler)

»Der Fußball hat uns geformt. Uns Disziplin beigebracht, Teamgeist. Vor allem aber die Erkenntnis: Allein bist du eine Pflaume.«

(Helmut Bracht)

»Das ist Andy Möller, der bald eine Tochter erwartet.«

(Jörg Dahlmann)

»Nenn sie doch Berta – nach deinem Freund Berti!«

(Deutscher Nationalspieler auf die Nachricht von Möller, dass seine Frau bald eine Tochter erwarte)

»Herzlichen Glückwunsch an Marco Kurz. **Seine Frau ist zum zweiten Mal Vater geworden.«**

(Thomas Häßler)

Pokalsiege müssen gebührend gefeiert werden: Beim Heimspiel des BVB gegen Homburg (3:0) sitzen 17 Kinder in schwarzgelben Pullovern mit ihren aufgestickten Namen und der Aufschrift »Pokal 89« auf der Tribüne. **Magrit Niebaum**, die Mutter des Präsidenten Gerd, hatte vor dem Endspiel im Berliner Olympiastadion versprochen: **»Wenn Borussia in Berlin Deutscher Pokalsieger wird, stricke ich für jedes Spielerkind einen BVB-Pullover.«**

So jung und schon Mitglied

Erst wenige Tage alt ist Torsten Feldmann und doch schon Mitglied des Bundesligarückkehrers Borussia Dortmund. Sieben Stunden nach der Geburt meldete Vater Meinolf seinen Sprößling bei der Borussia an.

BVB

BVB-Fans haben „plötzlich eine Schalkerin“ als Kind

19.04.2013 | 20:04 Uhr

Anja und Marcus Kuno haben ihre Tochter nach Felipe Santana benannt - dem Dortmunder Helden, der nun wohl zum FC Schalke wechselt. Foto:

Es ist erst wenige Tage her, da sicherte sich Felipe Santana einen wichtigen Platz in der BVB-

Abwehrrecke Michael Schulz verdient sich seinen **Spitznamen »Rambo«** redlich. Bei der Partie seines **BVB beim KSC** schickt ihn Schiedsrichter Werner Föckler mit **Gelb-Rot vom Platz**. Das passt Schulz natürlich gar nicht und wie es der Zufall so will, sieht er beim Verlassen des Rasens im Karlsruher Wildparkstadion **am Spielfeldrand einen Eimer** stehen, der – so Schulz – **»einfach umgetreten werden musste«**. Die Szene geht in die Geschichte der Fußball-Bundesliga ein, weil der Fotograf Bodo Goeke im richtigen Moment seine Kamera zückt und so das »Sportfoto des Jahres« schießt.

Der gepeinigte KSC-Akteur Daniel Simmes kann sich auch nach Spielschluss nicht beruhigen:

»Er hat mich von der ersten Minute an beschimpft. Die Sprüche ›Ich räum dich ab‹ oder ›Du wirst das Spiel nicht heil überstehen‹ waren noch harmlos. Seine Fouls waren gemeingefährlich. Auch noch im Kabinengang hat er mich regelrecht gejagt. Wenn ihn Dortmunder Spieler nicht zurückgehalten hätten, wäre es zur Schlägerei gekommen.«

Knapp ein Jahr zuvor war **Schulz** nach einem Spiel in Köln **zum Linienrichter Gerhard Paulus gegangen**, hatte sich mit seinen beiden **Stollenschuhen** und seinem vollen Gewicht **auf einen von Paulus' Füßen gestellt** und lächelnd gehaucht:

»So, und jetzt haue ich dir einen in die Schnauze!«

Starschnitt

Manfred Burgsmüller

Moderator Hans-Joachim Rauschenbach fragt Stürmer Burgsmüller vor laufender Kamera: »Was machen Sie heute Abend?«

Burgsmüller: »Ich werde heute Abend zu Hause sein und ein bissel fernsehen.«

Rauschenbach: »Ja, spielen Sie ein bisschen Doppelpass mit Ihrer Frau. Dabei kann man auch wichtige Pluspunkte gewinnen.«

»Vor rund 25 Jahren hat mich der Schwarzenbeck umgegrätscht.«

(Zu den Gründen seiner Sprunggelenkoperation)

»Auf der Bank habe ich schon in meinem Garten lang genug gesessen. Das muss nicht auch noch im Stadion so sein. **Da will ich spielen!«**

(Nach einer vereinsinternen Sperre)

»Einst nannten wir ihn **›Murksmüller‹**. Jetzt müssen wir ihn hochachtungsvoll in **›Burgsknüller‹** umtaufen.«

(»WAZ«)

»Der beste Präsident ist der, der ein dickes Konto hat, den Verein nach außen repräsentiert, den Trainer und Manager in Ruhe arbeiten lässt. Den würde ich jeden Samstag eigenhändig mit der Sänfte zum Spiel tragen.«

»Was bringt dir im Spiel die große Pumpe, wenn du unterwegs den Ball vergisst?«

»Ich habe gegen Düsseldorf einen Elfmeter verschossen. Würden mir Tore etwas bedeuten, wäre ich viel konzentrierter zu Werke gegangen.«

»Ruhe habe ich noch genug, wenn ich einmal nicht mehr auf dieser schönen Erde weile.«

(Als er 50 wurde und auch weiterhin als Football-Profi für Rhein Fire Düsseldorf kicken wollte)

Deutschland begehrt auf. **Die Volkszählung steht an und stößt auf breite Ablehnung in der Bevölkerung**. Einigen Demonstranten gelingt es, vor der Bundesligapartie Borussia Dortmund gegen den Hamburger SV ins Westfalenstadion einzudringen und dort auf dem Rasen folgenden Spruch zu hinterlassen:

»Boykottiert und sabotiert die Volkszählung«.

Da man den Satz nicht entfernen kann, erwägt man eine Absage des Spiels. Doch dann kommt den Dortmundern Offiziellen ein genialer Einfall. Ein Malerkommando wird engagiert und schreibt:

»Der Bundespräsident: Boykottiert und sabotiert die Volkszählung nicht.«

Die Partie findet ebenso wie anschließend die Volkszählung statt und endet torreich mit 4:3.

»Beim Schlusspfiff bin ich vor Freude höher gesprungen als bei den Bundesjugendspielen!«

(Reinhard Rauball nach einem 1:0-Sieg gegen Leverkusen)

»Der Gegenspieler schmeißt sich in der Szene hin, als hätte er einen Goldbarren gefunden.«

(Matthias Sammer über einen seiner Ansicht nach unberechtigten Pfiff)

»Grundsätzlich werde ich versuchen zu **erkennen, ob die subjektiv geäußerten Meinungen subjektiv** sind oder **objektiv**. Wenn sie **subjektiv** sind, werde ich an meinen **objektiven** festhalten. Wenn sie **objektiv** sind, werde ich überlegen und vielleicht die **objektiven subjektiv** geäußerten Meinungen der Spieler mit in meine **objektiven** einfließen lassen.«

(Erich Ribbeck)

»Wir wollten unbedingt einen **frühen Rückstand vermeiden.** Das ist uns auch gelungen. **Der VfB Stuttgart hat in den ersten zweieinhalb Minuten kein Tor geschossen.**«

(Bernd Krauss)

Schiedsrichter Walter Eschweiler wird für einen Fernsehauftritt geschminkt (1982).

Glänzende Augen bekommt der frühere **BVB-Spieler Willi Lippens**, wenn er von **Schiri Walter Eschweiler** erzählt. Mit dem hat der halbe Holländer aus dem Ruhrgebiet immer viel Spaß auf dem Platz gehabt:

»Wir haben uns oft unterhalten während des Spiels. Eckball für uns, bin ich raus zur Fahne, kam er hinterher: ›Na, Wilhelm, wie geht es zu Hause?‹ Sag ich: ›Danke, Walter, uns geht es sehr gut. Soll ich jetzt die Ecke schießen oder möchtest du, dass ich noch was erzähle?‹ Oder wenn du gefoult worden bist und hast auf dem Boden gelegen, da kam er dann vorbei – so in seiner Art mit den strammen Beinen und dem glatt gebügelten Oberkörper – und hat zu dir nach unten geschaut: ›Jung, suchst du was, hast du was verloren?‹«

Auch die ganz persönlichen Scherze lässt Walter Eschweiler in diesen Tagen nicht aus, wie sich Lippens mit einem schelmischen Grinsen erinnert:

»Mir hat der immer gesagt: ›Ich glaub, Wilhelm, deine Frau betrügt uns!‹«

Günther Jauch und Marcel Reif im Jahr 1994

»Für alle die, die nicht rechtzeitig eingeschaltet haben, Sie haben etwas verpasst, denn das erste Tor ist schon gefallen.«

(Günther Jauch beim berühmten Torbruch in Madrid 1998)

»Seit dem Wochenende steht es unverrückbar fest: Für Auftritte, wie ihn Borussia Dortmund am Samstag im Mindelstadion zu Thannhausen abgeliefert hat, ist der Begriff jämmerlich überhaupt erst erfunden worden.«

(»Kicker«)

»Je fester der Griff, je loser die Absicht.«

(Werner Hansch kommentiert den Griff von Stéphane Chapuisat in Rune Bratseths Intimzone.)

»Soll ich stehen bleiben? Dann biete ich mehr Angriffsfläche.«

(Jens Lehmann bei einer Pressekonferenz)

Starschnitt
Frank Mill

»Der ist mit allen Abwassern gewaschen.«

(Norbert Dickel)

»Auf ewig verewigt, was bedeutet das schon?«

(Nachdem er das 25.000. Tor der Bundesliga-Geschichte erzielt hatte)

»Ich habe so dicke Waden, dass ich die Schienbeinschoner nicht unter den Stutzen tragen kann. Der Hersteller ist seit Jahren nicht in der Lage, größere Stutzen anzufertigen. In die vorhandenen Dinger passen nur Fußballer rein, die ihre Beine in Fanta-Flaschen baden können.«

»Wieso zweiter Frühling? Ich erlebe meinen vierten!«

»Würden Sie mit Heino eine Platte aufnehmen, wenn der Erlös für einen guten Zweck ist?«, fragt Gunnar P. aus 2370 Osterrönfeld. Antwort: **»Ja, würde ich machen, aber nur, wenn ich dabei genauso aussehen darf wie Heino.«**

Einer der größten **»Schauspieler der Bundesliga«** darf endlich sein Talent beim Film beweisen. Frank Mill spielt eine Rolle im WDR-Krimi **»In den Todeskrallen des Dr. Do«**, einer Persiflage auf den Film **»James Bond jagt Dr. No«**. Mill spielt sich im Krimi selbst und wird vom verrückten Dr. Do, dargestellt von Piet Klocke, entführt.

»Ich bin zwar ein ALTER HASE, aber noch lange kein ALTER GAUL.«

»Der **Mill verarscht** uns schon seit Jahren.«

(Otto Rehhagel, nachdem dieser schon wieder gegen Werder getroffen hatte)

»Ich hatte aber nie die Absicht, den gegnerischen Spieler Zdebel in irgendeiner Weise zu treffen oder gegen ihn nachzutreten. **Wenn ich das gewollt hätte, dann hätte ich ihn auch getroffen.**«

(Sebastian Kehl über einen Platzverweis)

»Ich fühle mich wie in der **›Lindenstraße‹** – eine Fortsetzungsgeschichte, aber **ohne Inhalt**.«

(Michael Zorc über eine fortgesetzte negative Berichterstattung)

»Ich bin auch nicht bereit, ein Drittel **potenzieller Sponsoren auszuschließen**, nur weil sie die **Farbe Blau im Emblem** tragen.«

(Hans-Joachim Watzke)

»Borussia Dortmund. Vereinsfarben: Schwarz-Geld«

(»Geißbock-Echo«)

»Katholisch, Evangelisch, Neuapostolisch. **Wir haben kein Problem mit Kirchen. Außer, es steht ›Gelsen‹ davor.**«

(Anzeige eines BVB-Sponsors)

In der Spielzeit 1964/65 ist die Angelegenheit gegen den **FC Schalke 04** bereits nach 36 Minuten durch die BVB-Akteure Schmidt, Konietzka, Brungs und Emmerich entschieden. Es steht **6:0 für die Borussia**. Der »kicker« schreibt: **»Wie eine verheerende Naturkatastrophe, die nicht aufzuhalten ist von Menschenkraft, brach der Taifun in der ausverkauften Glückaufkampfbahn, entfacht von Borussia Dortmund, über die Schalker Mannschaft herein.«** Dortmunds Trainer Eppenhoff analysiert anschließend betont nüchtern: **»Unsere Taktik, den Gegner kommen zu lassen, ist aufgegangen. In der zweiten Halbzeit haben wir verhalten gespielt, um uns zu schonen.«** Ganz so nüchtern sind die Borussen zu diesem Zeitpunkt in Wahrheit eigentlich nicht mehr: Bereits in der Halbzeitpause wurde eine Flasche Sekt auf den Sieg geköpft!

Starschnitt Jürgen Klopp

TV-Moderator Arnd Zeigler: »Wenn man sich das Spiel angeschaut hat, ein Torwart, der weit über 29 ist. Der Altersschnitt ist sicherlich auch ein Problem. Kann sich das eine Spitzenmannschaft erlauben?«

Jürgen Klopp: »Ich fand, heute hat es Roman sogar recht ordentlich gemacht. Wenn man ihn morgens sieht, nach dem Aufstehen, ist das ein schreckliches Bild, das er da abgibt. Aber auch da muss ich sagen, keine Chance, irgendwas zu ändern. Wir müssen ihn da durchschleppen und … ja … wir gucken, wie lange das noch geht. Aber ich habe auch da keine Alternativen. Ich kann keinen Feldspieler hinten reinstellen. Er ist der Einzige, den wir haben, und dementsprechend müssen wir ihn uns ab und zu auch schönsaufen.«

»Wir haben uns eben entschieden, den Verein nicht aufzulösen, obwohl wir unentschieden gespielt haben.«

(Jürgen Klopp)

Martin Hüschen ließ sich 2011 tätowieren. Mitten im Bundesliga-Endspurt hatte sich der optimistische Fan von Tabellenführer Dortmund die Meisterschale auf den Rücken tätowieren lassen. Zuvor ist bereits ein Bild des Trainers Klopp tätowiert worden.

Borussia Dortmund verliert bei den Bayern erst nach einem Wolkenbruch. BVB-Trainer Udo Lattek nach der Partie:

»Der Regen hatte auch etwas Gutes, jetzt wachsen mir wenigstens wieder die Haare.«

»Auf Monate wäre jedes Spiel ausverkauft. Gegen Bayern, Bremen und Hamburg würden die das Stadion abreißen. Und die ›Rote Erde‹ noch dazu.«

(Günter Breitzke träumt von den oberen Tabellenregionen.)

»Die Südtribüne ist irre. Sie hat den Effekt eines Staubsaugers oder Magneten. Irgendwie muss man da Tore schießen, zwangsläufig.«

(Norbert Dickel)

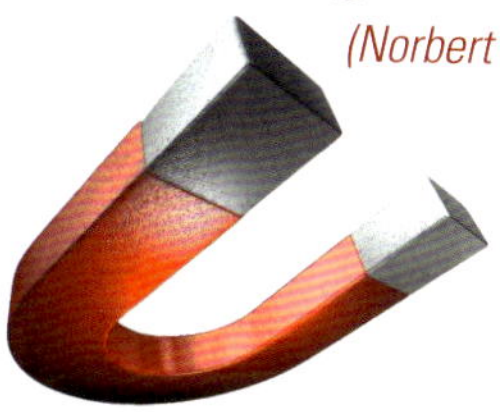

»Zu uns kommen Zuschauer, die mit Fußball überhaupt nichts am Hut haben. Sie bezahlen ihr Eintrittsgeld rein für das atmosphärische Erlebnis. Viele von ihnen kommen dann wieder.«

(Walter Maahs, Geschäftsführer)

Starschnitt
Eike Immel

Im Westfalenstadion steht bei der Partie gegen den FC Bayern München (1:0) ein 17-Jähriger im Tor der Schwarz-Gelben und hält glänzend. Die »Bild« titelt am nächsten Morgen gewohnt reimfest: **»Immel flog in den Himmel«**. Und der junge Eike ist nicht nur ehrgeizig, sondern zeigt schnell, dass er weiß, worauf es ankommt: **»Bälle halten, das kann jeder, doch die Nerven behalten ...«**

»An einem Samstag.«

(Auf die Frage, wann er zum letzten Mal für Borussia Dortmund gespielt habe)

»Im Großen und Ganzen war es ein Spiel, das, wenn es anders läuft, auch anders hätte ausgehen können.«

»Kickers Offenbach **bot Mähdrescher für** den **fliegenden Bauernsohn** Immel!«

(»Bild«)

Nachdem Torhüter Eike Immel einige Autos zu Bruch gefahren hat, entscheidet er sich dazu, erst einmal ohne eigenes Gefährt zu bleiben. Als er sich eines Tages jedoch von einem Kumpel den Porsche leiht und diesen im Halteverbot parkt, muss er aus einem gegenüberliegenden Café leichenblass und regungslos mit ansehen, wie jemand mit Karacho seitlich in das edle Gefährt reinrauscht. Die zehn Mark Strafe für das Parken im Halteverbot sind anschließend für den Pechvogel unter den Autonarren das geringste Problem.

In den 1980er Jahren liefern sich die **»Kobra« Jürgen Wegmann und** der »Auto-Bruchpilot« **Eike Immel lustige Duelle** im Schatten des Westfalenstadions. Als Immel einmal dem nicht zu Späßen aufgelegten Stürmerstar vor dem Training seine Hose klaut, tickt Wegmann aus. Wütend fährt er, ohne ein Wort zu sagen, nach Hause und muss wegen des Trainingsschwänzens 2.000 Mark Geldstrafe zahlen. Über zwanzig Jahre später ist die »Kobra« noch immer nicht gut auf den ehemaligen Kollegen zu sprechen: **»Heute würde ich ihm sagen: Behalt sie und verkauf sie doch auf dem Flohmarkt, du Idiot!«**

Spitznamen und ihre Entstehungsgeschichte sind etwas Wunderbares. Einen Mann nannten sie in Dortmund einmal »Knack« – und das kam so: Im Herbst **1983** wird **Trainer Horst Franz** als Retter verpflichtet. Der Experte für Abstiegskämpfe läuft vor einem Spiel gegen den 1. FC Nürnberg energisch die Kabine rauf und runter. Plötzlich bleibt er abrupt vor dem BVB-Spieler Konopka stehen und ruft mit funkelnden Augen: **»Burgsmüller, ausknipsen!«** Dann schnippt er laut mit den Fingern. Eine Sekunde Stille. Ein nachdenklicher Seufzer, und Horst Franz geht temperamentvoll einige Meter weiter. Vor Rüssmann bleibt er erneut stehen, schaut ihm direkt in die Augen und sagt: **»Heck, ausknipsen!«** Lautes Schnipsen. Abschließend schaut Franz langsam jedem einzelnen Spieler in der Kabine ins Gesicht und ruft mit einem lauten, letzten Schnipsen drohend in den Raum: **»Nürnberg! Knack!«** Ein neuer Spitzname ist geboren.

Rolf Rüssmann mit seinem Mercedes 280 E

»Ich war einmal Delegations-Chef bei einem Mannschaftsausflug.«

(Thomas Helmer erklärt seinen Spitznamen »Egidius«. DFB-Präsident Egidius Braun ist Delegationsleiter bei Länderspielen.)

»Als Schwalbe würde ich es mir verbitten, mit Möller verglichen zu werden.«

(Dirk Schuster)

»Mit dem Namen können wir ihn nicht eindeutschen.«

(Manager Michael Meier über Sergej Gorlukowitsch, als nur zwei Ausländer in der Bundesliga erlaubt waren)

Sergej Gorlukowitsch, von 1989 bis 1992 bei Borussia Dortmund (44 Spiele, 1 Tor)

Starschnitt

Jürgen Klopp

»Meine Jungs sind Mentalitätsmonster.«

»Am Mittwoch, das wird **›Mia san Mia‹** gegen **›Wir sind Fußball‹**.«

(Vor einem Spiel gegen die Bayern)

»Wir führen ein ganz normales Familienleben. Und ich werde jetzt zu Hause auch nicht zwei Meister-Sterne auf der Brust tragen!«

»Ein Nasenbeinbruch ist kein Beinbruch.«

(Über die Verletzung von Felipe Santana)

»Aufgeregt war ich nur vor dem Abitur. Da war ich aber auch scheiße vorbereitet.«

(Auf die Frage, ob er vor dem möglicherweise entscheidenden Spiel gegen Nürnberg aufgeregt sei)

»Ich muss jetzt **Champions League gucken**. Das ist wichtig, denn da sind ja potenzielle Gegner von uns dabei.«

(Als Begründung für sein vorzeitiges Verlassen der Jahreshauptversammlung)

»Ich hatte das **Talent für die Landesliga** und den **Kopf für die Bundesliga** – herausgekommen ist die **zweite Liga**.«

»Er hat eine Art Ganzkörperprellung.«

(Über eine Verletzung von Sven Bender)

»Das war ein **aktiver Vorgang**, der zu **Passivität** führte.«

»Mit **schlechtem Fußball** habe ich mich **lange genug rumgeschlagen** – und zwar mit **meinem eigenen**.«

»Das ist wie im Leben. Wenn heute die Waschmaschine kaputt ist, ist morgen der Trockner im Arsch. Und dann gibt der Fernseher den Geist auf.«

(Über das Dortmunder Verletzungspech)

Frank Mill hätte den Ball nur noch ins Tor schieben müssen …

9. August 1986: Das Ding ist legendär. Alleine läuft Frank Mill auf das Bayern-Tor zu, hat Pfaff schon ausgespielt und muss nur noch nach innen ziehen und das Leder im Kasten unterbringen. Doch dazu kommt es nicht. Der Stürmer erinnert sich:

»Auf einmal lag der Ball genau zwischen meinen Beinen. Ich konnte ihn nicht mehr richtig kontrollieren. Pfaff kam wieder herangestürmt. Ich musste abschließen. Und so kam dieser Kunststoß zustande. Statt den Ball zu versenken, schoss ich ihn tatsächlich an den kurzen Pfosten. Unfassbar. Es war die Lachnummer schlechthin.«

Bis heute wurde die Szene unzählige Male im Fernsehen wiederholt. Die Reaktionen sind immer die gleichen. Weltweit. Der Dortmunder:

»In der Winterpause war ich mit meiner Frau im Urlaub in San Francisco. Da lief eine Fernsehsendung mit sportlichen Kuriositäten, wie einer einen Basketballkorb abreißt und solche Sachen. Und plötzlich läuft da mein Klopper. Ich dachte, ich gucke nicht richtig!«

Als Branco Zebec 1981 Trainer in Dortmund ist, sagt er:

»Ich höre neuerdings immer, ein Trainer muss Kumpel sein. Was heißt Kumpel, wenn es um Millionen geht? Kumpel hat man in der Bundesliga nicht nötig. Kumpel sind ganz schnell weg vom Fenster. Und überhaupt: Als ich Deutsch lernte, habe ich gelernt, Kumpel seien Leute, die in der Grube unter Tage sehr schwer arbeiten müssen. Fußballprofis scheinen was anderes darunter zu verstehen. Sie meinen, man bräuchte nicht schwitzen. Aber vielleicht kann ich schlecht Deutsch ...«

Thomas Helmer mit seinem Sohn bei der EM 2000.

»Mit den beiden Fingern habe ich meiner Frau angezeigt, dass sie aus dem fünften in den zweiten Stock zu uns runterkommen soll.«

(Thomas Helmer auf die Frage, warum er beide Arme mit ausgestrecktem Mittelfinger auf die Haupttribüne richtete)

»Der linke Fuß ist seiner, der rechte nicht.«

(Reporter Marcel Reif über den einbeinigen Stéphane Chapuisat)

»Verglichen mit Köppel, ist Saftig ein Rambo.«

(Horst Franz)

»Der große Geysir im Süden der Insel ist berühmt. Ich will noch bekannter werden.«

(Der Isländer Atli Edvaldsson im Sommer 1980)

»Mit einem **Schädel wie ein Rathaus** bin ich aufgewacht. **Ein paar Bierchen** müssen es wohl gewesen sein.«

(Mittelfeldspieler Werner Schneider nach einer langen Busfahrt nach einem Sieg in Stuttgart)

»Wir sind nett genug, uns **auf ein Niveau herunterzuverletzen**, dass das am Ende doch noch ein spannender Wettkampf wird.«

(Jürgen Klopp über die großen Verletzungsprobleme vor einem DFB-Pokalspiel beim Drittligisten 1. FC Saarbrücken)

»Merkel hat uns im Trainingslager in der Sportschule Kaiserau **zum Frühstück ein Glas Rotwein mit einem Eigelb und einer Traubenzucker-Tablette** gegeben – und dann hat er uns zum Laufen geschickt.«

(Hoppy Kurrat zum Doping-Vorwurf)

Jürgen Rynio, Ferdi Heitkamp und Reinhold Wosab ziehen am Vorabend eines Spiels in Hamburg zusammen mit ihrem HSV-Kollegen Klaus Zaczyk über die Reeperbahn. Beim Absackerbierchen entdecken sie in einem Etablissement einen gar wundersamen Kasten. Mit diesem seltsamen Gerät kann man sich seine **ganz persönliche Schlagzeile auf die kommende Ausgabe der »St. Pauli Nachrichten«** drucken lassen. Und da sie wissen, dass ihr Trainer Hermann Lindemann beim Frühstück gerne eine frische Zeitung liest, bestellen sie ein Exemplar und legen es am nächsten Morgen fein säuberlich neben seine Kaffeetasse. Mit hochrotem Kopf entdeckt der entsetzte Coach die mit dicken Lettern rot unterlegte Schlagzeile auf den ersten Blick: **»Hermann Lindemann im Bordell verhaftet!«** Nervös schaut der Übungsleiter im Saal herum, als er dem vorbeieilenden Kellner zuruft: **»Herr Ober, ich brauche sofort einen Rechtsanwalt!«** In diesem Moment kommt Reinhold Wosab lachend aus einem Nebenraum, hält eine Ausgabe der »St. Pauli Nachrichten« in der Hand und ruft freudestrahlend: **»Ich habe gerade zu Hause angerufen. Junge, die Zeitungen gehen da weg wie warme Semmeln!«**

Reinhold Wosab, Sammelbild 1966/67

Starschnitt
Kevin Großkreutz

Frage in der »Rheinischen Post«: »Kennst du eine Sehenswürdigkeit in Düsseldorf?«

Antwort: »Ich komme selten nach Düsseldorf. Zählt der Kölner Dom auch? Der ist doch da in der Nähe.«

»BVB-Fan zu sein, ist kein Grund für einen Startplatz im Team.«

(Jürgen Klopp, als er Großkreutz im Derby gegen Schalke zuerst auf der Bank ließ)

»**Ich hatte es im Adrenalin**, dass Roman den hält.«

(Kevin Großkreutz)

»Kevin war so heiß auf die Südtribüne, dass er selbst abends vor unserem Spiel noch in den Signal-Iduna-Park wollte. Mir blieb keine Wahl. Ich musste ihm ein BVB-Verbot erteilen!«

(Christian Wück, sein Trainer in Ahlen)

»Der Junge würde bei einer Partie Schach sicher nicht gerade haushoch gegen die Großmeister Karpow oder Kasparow gewinnen.«

(Mario Basler)

Beim Stand von 7:0 für Borussia Mönchengladbach läuft **Trainer Otto Rehhagel** an diesem unvergesslichen 29. April 1978 im Düsseldorfer Rheinstadion aufgeregt zur Bank und sagt zu Siggi Held: **»Siegfried, machen Sie sich warm. Sie kommen gleich.«** Doch Held macht angesichts der deprimierenden Geschehnisse auf dem Rasen keine Anstalten, irgendetwas zu tun, schon gar nicht aufzustehen. Nachdem Rehhagel einige Meter auf der Tartanbahn des Rheinstadions zurückgelegt hat, steuert er erneut auf seinen Spieler zu: **»Hören Sie nicht? Sie sollen sich warm machen, Siegfried. Ich bring Sie gleich!«** Held zupft an seinen üppigen Augenbrauen, lehnt sich in Ruhe zurück und sieht, wie die Tore acht und neun gegen seine Mannschaft fallen. Otto Rehhagel ist nun endgültig bedient. Mit Riesenschritten rennt er zur Bank, packt sich seinen tatenlosen Stürmer und raunt ihm zu: **»Sie wollen mich wohl verarschen, oder?!«** Siegfried Held erhebt sich langsam von seinem Platz auf der harten Holzbank, schaut Rehhagel ruhig ins Gesicht und sagt: **»Trainer, mal ehrlich, soll ich die Scheiße etwa noch umbiegen, oder was?!« Die Partie endet 12:0!**

Meister

»Kevin wird heute sicherlich nicht nur stilles Wasser trinken, vielleicht nimmt er eins mit Kohlensäure.«

(Mats Hummels nach dem Gewinn der Meisterschaft)

»Wir haben die Schale nach NRW geholt – das schafft hier ja sonst niemand.«

(Hans-Joachim Watzke süffisant nach dem Gewinn der Meisterschaft 2011)

»Wir gratulieren dem BVB zu Platz 1 der Ruhrgebietsmeisterschaft.«

(Anzeige eines Sponsors)

»Ich möchte Dortmund einladen, an der niederländischen Meisterschaft teilzunehmen, damit ich dann auch immer Punkte holen kann.«

(Huub Stevens)

»Man sagt es sich in Stadt und Wald, Borussia macht Karlsruhe kalt.«

(Fans beim Meisterschaftsendspiel 1956)

Kurz vor Schluss der Meisterschaftssaison 1965/66 kämpfen der BVB und der TSV 1860 München an der Spitze um den Titel. Der Zweikampf wird erst entschieden, als der BVB den Europapokal der Pokalsieger gegen Liverpool gewinnt. Und das kam so, wie sich Aki Schmidt erinnert:

»Gegenüber war 'ne Kneipe, da war immer was los. Ich bin gar nicht mehr zur Ruhe gekommen. Die ganze Feierei hat uns die Meisterschaft gekostet. Wir spielten noch zu Hause gegen 1860. Hätten wir gewonnen, wären wir Meister geworden. So wurde es 1860.«

Hermann Lindemann ist extrem kurzsichtig. Eines Tages baut Lindemann eine lange Reihe von Bällen an der Mittellinie auf. Da fragt ihn beim Anblick der Ball-Parade ein gewitzter Spieler: **»Trainer, wenn ich den dritten von rechts treffe, bekommen wir dann frei?«** Der Coach nickt lächelnd. Der Spieler schießt, erwischt irgendeinen Ball und wird von seinen Kameraden eifrig bejubelt. Lindemann klopft dem Spieler beherzt auf die Schulter und sagt: **»Gut, gemacht, Junge. Ihr habt natürlich alle frei!«**

BVB-Netradio

mit Boris Rupert & Norbert Dickel

»Du Arschloch! Wolfgang Stark, fahr nach Hause, Mensch! Nicht zu glauben, was sich dieser Mann zusammenpfeifen darf. Dieser Korinthenkacker vor dem Herrn! Jetzt hat er aber alles gegeben, dass wir hier nicht gewinnen. Geh nach Hause nach Bayern und verschone uns mit deinen blöden Pfiffen.«

(Boris Rupert im BVB-Netradio bei einem Unentschieden in Leverkusen)

Der Derbysieg der Saison 2006/07 mit Internet-Reporter Boris Rupert:

»Metzelder jetzt auf links, komm, mit links kann er eigentlich nicht so gut flanken. Mit rechts jetzt, Metzelder zieht ab. Aber abgewehrt von Bordon. Noch mal! Tor, Tooor, Toooorrr, Tor, Tor, Tor – Ebi Smolarek. 2:0 für Borussia Dortmund. Ist das denn zu fassen? 2:0. 2:0 für Borussia Dortmund gegen den FC Schalke 04, gegen den kommenden Vizemeister in der Saison 2, 6, 2, 7. 2:0 für Borussia Dortmund. Und da gibt es noch einmal Gelb für Smolarek. Da gibt es Gelb wegen übertriebenen Torjubels. Aber wirklich drauf geschissen!«

Es sind die Sekunden, als Netradio-Reporter Boris Rupert bundesweit zur Legende wurde. Wochenlang wird sein Kommentar in den Rundfunkstationen landauf, landab rauf und runter gespielt:

»Lars Ricken treibt den Ball über die Mittellinie, halblinke Position. Christoph Metzelder ist mitgelaufen, der steht jetzt siebzehn Meter vor dem Tor, spielt auf Ewerthon – und DER STEHT NICHT IM ABSEITS! Du blinder Linienrichter! Du Blindmann! Verdammt noch mal! Das geht doch auf keine grüne Kuhhaut mehr, was dieser Erpel, Greipel, oder wie der auch immer heißt, sich dahinten zusammenpfeift!«

»Van Bommel, der geht vorbei, hat Glück, haut den Ball vor den Kasten. Und jetzt kommt Klose und – schießt das 2:1«,

erklärt der BVB-Netradio-Reporter Norbert Dickel den Hergang des Führungstreffers der Bayern in der 88. Spielminute noch recht sachlich, um bereits einen Satz später – wie aus dem Nichts – komplett aus der Haut zu fahren:

»Was für ein … dieser Scheiß-Bauern(Bayern)-Dusel. Mann, Mann, Mann.«

Starschnitt
Gerd Niebaum

»Wir müssen aufpassen, dass **diese Seifenoper nicht das Niveau der Auseinandersetzung zwischen Dieter Bohlen und Thomas Anders** erreicht.«

(Über die Querelen mit Amoroso)

»Früher haben die **Spieler einen roten Kopf gekriegt**, wenn sie uns bei Vertragsverhandlungen **10.000 Mark mehr an Gehalt** aus dem Kreuz geleiert hatten. Am Ende hatten sie **nicht einmal mehr bei einer Million einen roten Kopf.«**

»Unser größter Gegner sitzt in der eigenen Kabine.«

»In Erwartung eines spannenden Westfalenderbys mit einem positiven Ausgang für die schwarz-gelben Farben verbleiche ich herzlichst Ihr Dr. Gerd Niebaum.«

(»Borussia aktuell«)

»Man muss seinen Namen am Stück aussprechen, sonst ist man beim Frauenfußball.«

(Über Evanilson)

»Auch wenn die Leverkusener in den noch ausstehenden zwei Spielen Manager Calmund ins Tor stellen, holen sie noch die nötigen vier Punkte zur Meisterschaft.«

»Wir sind **im Land der westfälischen Eichen** und nicht der feingliedrigen Gewächse.«

»Heute haben die Spieler doch mehr Pressekontakte als Ballkontakte.«

»Wir haben offenbar einen zu kleinen Magen. Da passen nur drei Punkte rein. Das muss gegen Schalke anders werden.«

»Wir haben in der letzten **Saison auf der Intensivstation gelegen** und waren **in den letzten Wochen in der Reha**. Danach kann man nicht gleich das **Goldene Sportabzeichen** machen.«

Willi Neuberger wird von Borussia Dortmund in einen Zug ins Revier gesteckt. Die erste große Fahrt wird für den Frankfurter Nachwuchsspieler ein ganz beeindruckendes Erlebnis: **»Ob du es glaubst oder nicht, als der Zug nachts dann durch einen Bahnhof fuhr und ich sah das Schild ›Wanne-Eickel‹ und darüber den Mond am Himmel stehen, da habe ich aus lauter Selbstrührung gesungen: das Lied vom Mond von Wanne-Eickel!«**

Michael Schulz gibt im kalten Dezember ein Interview nach einem Spiel in Leverkusen lieber im warmen Kabinentrakt als draußen in der winterlichen Frische. Schulz ist ein Bär von einem Mann und darum ist es ziemlich mutig von einem Ordner, als er den Abwehrrecken forsch zurechtweist: **»Bitte verlassen Sie den Gang, Herr Schulz. Oder ich muss Sie rausschmeißen. Sie stehen hier im Weg.«** Schulz guckt nur kurz nach unten und kontert gelassen: **»Wieso, kommt hier noch ein LKW durch?«**

»Einen Bundesliga-Verein aufzubauen, dauert sehr lange. Ihn zu ruinieren, geht von heute auf morgen.«

(Reinhard Rauball)

»Marcio Amoroso ist der Prototyp des Spielers, der nach einem 1:10 höchst zufrieden nach Hause geht, weil er das einzige Tor geschossen hat.«

(Paul Breitner)

»Das Tor ist ein Problem, das jede Mannschaft hat.«

(Nevio Scala)

»Ich bin so heiß auf den Ball, dass ich ihn fressen könnte.«

(Dortmunds Trainer Horst Köppel bei einem Prominentenspiel)

»Er betrachtet die Spieler als Freunde und verlangt, dass wir ihm alles ins Gesicht sagen. Er hat ein unglaublich ansteckendes Lachen.«

(Ciro Immobile über Jürgen Klopp)

»Klopapier kaufe ich weiter bei Aldi.«

(Heiko Herrlich nach seinem lukrativen Transfer zu Borussia Dortmund)

»Mit Ciro kann ich nicht sprechen – außer ›Avanti‹ und ›Spaghetti Carbonara‹ ist mein Italienisch nur rudimentär«

(Jürgen Klopp)

Ciro Immobile und Jürgen Klopp

Starschnitt
Lars Ricken

In Dortmund wird der Jungstar Lars Ricken langsam erwachsen. Dennoch bleibt er der Teeniestar Nummer 1. Was dem Profi Ricken nicht immer ganz passt:

»Manchmal ist mir das schon peinlich, wenn die Mädchen für mich singen oder ihre Telefonnummern auf den Team-Bus schreiben.«

Lars Ricken

»Bei den Mädchen ist er sehr beliebt. Das erinnert mich manchmal an ›Take That‹ für Kleine.«

(Michael Zorc über seinen jungen Nachwuchsstar)

»Der Prinz aus dem Pott« (»Sports«, Zürich), Dortmunds Lars Ricken, spricht weihevolle Werbeworte: »Ich sehe VIP-Logen, wo früher Stehplätze waren. Ich sehe Spieler, die öfter mit der Presse reden als mit ihrem Coach. Ich sehe Vereine, die teure Profis kaufen, statt den eigenen Nachwuchs zu fördern. Ich sehe Typen in Nadelstreifen und Geschäftemacherei ohne Ende. Und dann sehe ich, was wirklich wichtig ist.«

»Lars Ricken: erst 22 und hat schon eine eigene Meinung.«

(Jörg Wontorra)

Der 28. Mai 1997 ist ein besonderer Tag.

Der **BVB gewinnt das Champions-League-Finale gegen Juventus Turin** und die Besucher im Münchner Olympiastadion erleben einen dieser seltenen magischen Momente, der in den Geschichtsbüchern des internationalen Fußballs verewigt ist. Als Lars Ricken das entscheidende Tor des BVB gegen Juventus Turin schießt, jubelt ganz Dortmund. Sein Mitspieler Andi Möller meint damals überschwänglich: **»Dieser Ricken muss ein Glücksschwein gefressen haben. Der ist so gut drauf, der ballert auf Kommando auch die Glocke aus dem Kirchturm.«** Der Fernsehkommentar von Marcel Reif, der die siebzehn Sekunden von der Einwechselung bis zum Tor auf fünf zurechtstutzt, ist mittlerweile fast genauso legendär wie der Treffer selbst: **»Ja, jetzt geht auch Stéphane – Chapuisat – und Lars Ricken kommt. Der Mann mit dem entscheidenden Tor in Auxerre. Mit dem entscheidenden Tor in Manchester. Möller. Ricken! Ricken! Lupfen jetzt! Jaaaaaaa! Fünf Sekunden auf dem Platz. Fünf Sekunden! Lars Ricken! Das kann man nicht erfinden. Legenden werden geboren, und Sie sind live dabei!«**

»Arsenal-Trainer Arsène Wenger hat das Dortmunder Stadion als Tempel des deutschen Fußballs beschrieben. Es fällt schwer, ihm zu widersprechen. Die riesige Gelbe Wand erinnert an Villa Park's Holte End, nur ist sie größer. Nach dem Anstoß war sie nicht nur eine Gelbe Wand, sondern eine Wand aus Lärm.«

(»The Independent« nach dem Champions-League-Spiel des BVB gegen Arsenal im September 2011)

»Am Ende gewinnt der, der das dreckigere Hemd hat. Und die Rostocker waren am Ende schmutziger als wir.«

(Matthias Sammer)

»Ich habe mich gefühlt wie ein Kronleuchter. Ich hing in der Luft.«

(Mladen Petric)

»Ein Odonkor hätte bei Helmut Schön nicht einmal den Medizinkoffer tragen dürfen.«

(Buffy Ettmayer)

»Ich habe in dieser Saison zwei Drittel aller Borussen-Tore geschossen, nämlich zwei.«

(Michael Lusch)

»Auf dem Zimmer hat er manchmal so viel geraucht, dass ich eigentlich eine Disco-Kugel hätte aufhängen müssen, um noch etwas zu sehen.«

(Ansgar Brinkmann über Jürgen Klopp)

»Verlieren ist wie gewinnen, **nur umgekehrt**.«

(Andreas Möller)

Thomas Helmer und Andreas Möller nach dem DFB-Pokal-Sieg 1989

»Im Leben trifft man sich zweimal, im Fußball dreimal.«

(Michael Meier, nachdem der BVB 1995 zum zweiten Mal in drei Jahren an Juventus Turin gescheitert war; 1997 kam es im Champions-League-Finale zum dritten Aufeinandertreffen, das Dortmund gewann.)

»Am Kopfball-Pendel haben wir das mit ihm nicht geübt. So tief kann man das auch gar nicht einstellen.«

(Jürgen Klopp nach einem Kopfball-Tor vom 1,72-m-Mann Shinji Kagawa)

»Er könnte **›wunderbar‹**, **›phantastisch‹** oder **›phänomenal‹** heißen, aber der liebe Gott nannte ihn schlicht und einfach **›Herrlich‹**.«

(Jörg Dahlmann über Heiko Herrlich)

Starschnitt
Timo Konietzka

Timo Konietzka, **der Schütze des ersten Bundesligatores, erinnert sich, dass dieser ewige Ruhm beinahe an ihm vorbeigegangen wäre:**

»In Bremen wollte ich anfangs gar nicht spielen. Ich hatte so eine verdammte Oberschenkelgeschichte – sie hatte mich die Teilnahme am Pokalfinale gekostet –, und ich musste das Bein nachziehen. Aber meine Kameraden überredeten mich: Du musst spielen! Ich ließ mich breitschlagen. Dann kam die erste Minute. Emma zog am linken Flügel los, flankte, ich war da. Schuss, 1:0!«

Friedhelm »Timo« Konietzka wird 1958 von Max Merkel direkt aus der Zeche Viktoria I/II für den »Rote Erde«-Rasen verpflichtet. Aber vorher hatte Konietzka es sich nicht nehmen lassen, noch einmal tüchtig zu malochen – wie er sich auch knapp 30 Jahre nach seiner finalen Grubenfahrt schmunzelnd erinnert: »Mit den letzten Kohlestücken, die ich rausgeholt habe, wird heute noch geheizt.«

Timo Konietzka (2.v.li.), Rolf Rüssmann (2.v.re.) und Ralf Loose beim Besuch eines Bergwerks

In Dortmund nennt man sie nur **»Max und Moritz«. Charly Schütz und Timo Konietzka sind ein Herz und eine Seele**. Und beide sind auch ein wenig verrückt und für wahnsinnige Aktionen bekannt. Eines Tages reiben sich ein paar Bauern während der Erntearbeit verwundert die Augen, als ein **nobles Auto scheinbar ohne Grund die Kurve verpasst und rasant in ein Kornfeld brettert**. Kurz dahinter prescht mit hohem Tempo ein weiteres schickes Auto heran. Auch dieses verpasst die Kurve und rast mitten ins Kornfeld. Man hört Bremsen quietschen, sieht Staub aufwirbeln, und dann steigt Charly Schütz aus dem ersten Auto. Mit einem Lächeln auf dem Gesicht schaut er durchs Fenster seines verdutzten Mannschaftskameraden Timo Konietzka und sagt augenzwinkernd:

»Ich wollte nur mal sehen, Friedhelm, ob du mir wirklich alles nachmachst!«

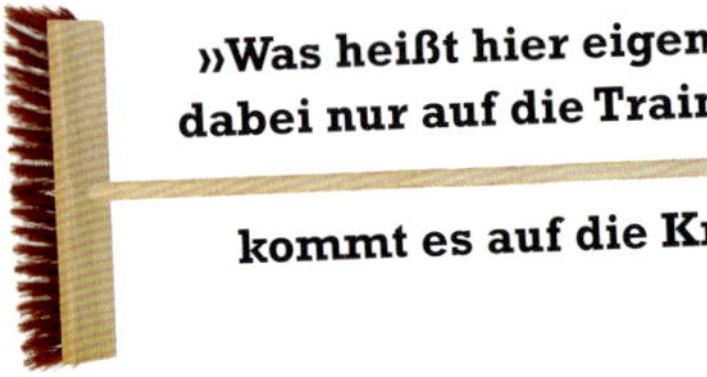

»Was heißt hier eigentlich neue Besen, und immer wird dabei nur auf die Trainer geguckt. Das ist doch zu 80 Prozent PR. Auch beim neuen Besen kommt es auf die Kraft der Borsten an. Und das sind in erster Linie die Spieler!«

(Bernd Krauss)

Trauriger Abschied im Mai 2002: Jürgen Kohler hängt die Schuhe an den berühmten Nagel. Der **»Fußballgott«** geht nach 398 Bundesligaspielen, und der »kicker« titelt ihm zu Ehren voller Pathos: **»Die letzte Grätsche!«** Zum Schluss verrät Jürgen Kohler noch ein Geheimnis über sein Verhältnis zu Udo Lattek: **»Ich bin Halbwaise und hätte mir einen wie ihn als Vater gewünscht.«**

Borussia Dortmund versagt Anfang der 1980er Jahre regelmäßig zu Hause, gewinnt dafür auswärts. Das bringt Sigi Bönighausen auf eine Geschäftsidee: Busreisen mit den Dortmundern. Einen griffigen Slogan hat er auch schon parat: **»Wollen Sie Borussia siegen sehen? Dann fahren Sie mit uns!«**

Schon als Trainer des Hamburger SV war der Niedergang Zebec' nicht mehr zu stoppen. Besoffen stolperte er bei einer Mannschaftsansprache in einen geöffneten Trikotkoffer und tanzte auf Partys ausgelassen zur Belustigung der übrigen Gäste. Die Spieler rieben ihrem schlafenden Trainer in diesen Nächten seine nackten Füße mit Senf ein. Beim BVB beschleunigt sich die Taktzahl der Aussetzer noch einmal rapide. **Auf einer Rückfahrt aus Nürnberg lässt es die Mannschaft bei einem Saufgelage im Bus tüchtig krachen. Wie immer mittendrin – Branco Zebec. Irgendwann steuert der entnervte Busfahrer Juppi Wittlake das Gefährt auf einen Rastplatz und weigert sich weiterzufahren.** Die einzige Reaktion des vollkommen betrunkenen Trainers Zebec – er torkelte zu Rüdiger Abramczik und fragte ihn nuschelnd:

»Abi, hast du Führerschein? Dann fahr du!«

kicker sportmagazin
DEUTSCHLANDS GRÖSSTE SPORTZEITUNG

In Dortmund fliegen die Fetzen

HSV: Gegen Braunschweig steht eine Rechnung offen
Wunde ist noch nicht vernarbt

Die Prognose wagt der verletzte Ronnie Hellström:
Alle werden über Reichel staunen

Gerieten sich schon vor dem Bundesligastart in die Haare: Dortmunds Trainer Zebec und Burgsmüller. Foto: Lindemann

Konfuse Münchner „Löwen" beim 1:1 gegen den VfL Osnabrück:
Auch Erich Beer ging völlig unter

Die Offenbacher Kickers besiegten Union Solingen verdient mit 5:2 (0:2)
Nach der Pause kam große Wende

Starschnitt

Andreas Möller

»Wenn ich Möller sehe, werde ich an Mozart erinnert.«

(Otto Rehhagel über Andreas Möller)

»Einige haben von einem recht guten Spiel gesprochen. Da frage ich mich, ob ich zum Augen- oder Ohrenarzt muss.«

»Ich bin vorsichtig geworden mit hochfliegenden Plänen – sie verschwinden leicht in den Wolken.«

»Andere können sich ja gerne vor dem Spiel die Eier hart kochen.«

(Zum Vorwurf, ein Weichei zu sein)

Anfang der Saison 1989/90 hängt plötzlich genau über dem Platz von Andreas Möller ein Messer in der Dortmunder Kabine und darunter ein Zettel. Wie sich später herausstellt, sind es nicht irgendwelche frustrierten »Fans« von außerhalb, wie anfangs von der Polizei vermutet wurde, nein, es ist Mitspieler Michael Schulz, der sich diesen »Streich« erlaubt: **»Ich war wieder einmal gesperrt und Andi hatte diese Phase, wo er beim Publikum wenig gelitten war, weil er trotz aller Beteuerungen zum BVB einen Wechsel anstrebte. Und ich bin ja für meine Späße bekannt geworden. Da habe ich ein Brotmesser mit einem Tape an seinen Kabinenhaken gehängt, mit einem Totenkopf drauf und dem Spruch: ›Wir kriegen dich auch noch!‹ Was ihn dazu veranlasste, erstens nicht zum Training zu gehen und zweitens nicht spielen zu wollen. Das hatte wiederum eine Geldstrafe für mich nach sich gezogen!«**

1998: Michael Schulz, der seine Karriere schon beendet hatte, im Gespräch mit Möller

Michael Schulz

Max Merkel wusste schon vorher, dass das nicht gut gehen kann: **»Udo Lattek haben sie Blut abgenommen. Ergebnis: reiner Alkohol, verschmutzt durch rote Blutkörperchen.«** Auch Lattek selbst ahnte, dass es schiefgehen muss: **»Ich habe gerne Alkohol getrunken. Ich habe gerne Bier getrunken, auch mal ein Schnäpschen.«** Und doch hat er sich selbst zu einer 1.000-Mark-Wette überredet und sagt hinterher: **»Das war die dümmste Wette meines Lebens.«** Der BVB-Trainer wollte so lange **»keinen Tropfen Alkohol mehr« trinken, ehe seine Elf »nicht dreimal hintereinander gewonnen« hat**. Wie wir heute wissen: **Das schaffte weder die Mannschaft noch Udo Lattek**.

»Den **Lars, das Milchgesicht**, den möchte man am liebsten noch an die Brust nehmen.«

(Werner Hansch 1993 über Lars Ricken)

Heute kein Thema mehr, auch die Spielerfrauen fliegen mit der Mannschaft nach Madrid zum Champions-League-Spiel. Von links nach rechts: Lisa von Moritz Leitner, Steffi von Julian Schieber, Caro von Marco Reus, Cathy von Mats Hummels, Saskia von Leonardo Bittencourt, Jana von Oliver Kirch und Simone von Manni Bender.

Die Idee des BVB-Präsidenten Jürgen Vogt sorgt nicht für Begeisterung: Die Spielerfrauen sollen zusammen mit der kompletten Mannschaft ins vorweihnachtliche Trainingslager auf Gran Canaria reisen. Doch die Borussen-Akteure würden viel lieber wieder allein unter Männern wegfahren. Schlüssig argumentieren sie: »Vor Weihnachten müssen unsere Frauen noch Plätzchen backen.« Abis Frau Christa Abramczik beendet schließlich die für alle Seiten unangenehme Diskussion: »Wir Frauen machen sowieso lieber unseren eigenen Betriebsausflug!«

»Den Oscar der Beliebtheit wird Jens Lehmann nicht mehr gewinnen.«

(Rudi Völler über das Image des Dortmunder Nationaltorwarts nach dessen Fehltritt gegen Coulibaly)

»So was habe ich zuletzt im Zirkus gesehen.«

(Michael Meier über Marcio Amoroso)

Starschnitt
Willi Lippens

»SCHWEISSNASSEN Händedruck vonne Kumpels – mehr brauch ich nicht!«

(Auf die Frage, was ihm seine Mannschaftskameraden zum Geburtstag schenken)

»Ich geh jetzt nach Amerika, denn da gibt es noch einige Verteidiger, denen ich noch keine Knoten in die Beine gespielt habe.«

»Je älter ich werde, desto größer trumpfe ich auf. Wenn das so weitergeht, bin ich in einigen Jahren überhaupt nicht mehr zu bremsen.«

Frage: »Herr Lippens, seit wann haben Sie Senk-, Spreiz- und Plattfüße?«

Antwort: »Seit ich in Holland die Berge plattgetreten habe.«

»Ich habe nie eine Torchance überhastet vergeben. Lieber habe ich sie vertändelt.«

Willi Lippens weiß, wem er seine Karriere zu verdanken hat. Mit Pathos in der Stimme sagt er auch heute noch: **»In jedem Zuschauer habe ich meinen besten Freund gesehen.«**

Sein Gegenspieler von Werder Bremen, Jürgen Röber, erinnert sich an eine Geschichte, die seinem Mannschaftskameraden Karl-Heinz Kamp widerfahren ist: »Ich werde nie vergessen, wie der Willi Lippens dem Kamp aus drei Metern anzeigte: Da kriegste ihn hin! Und dann schob er dem ohnmächtigen Kalli vergnügt den Ball durch die Beine.«

Der junge Präsident Reinhard Rauball lässt Willi Lippens in der Saison 1978/79 vorzeitig in die USA ziehen – und beinahe geht die Sache schief, wie sich Rauball erinnert: **»Das war eine sentimentale Handlung, die man sich in diesem knallharten Geschäft Bundesliga nicht erlauben dürfte. Wehe, wenn wir abgestiegen wären. Ich hätte den Rest meines Lebens um jede Ente einen weiten Bogen gemacht.«**

»In Wanne-Eickel ist ein Hecht gestorben und die Karpfen sind alle dahin zur Beerdigung.«

(Auf die Frage, warum er denn beim Angeln noch nichts gefangen habe)

»Ente« Lippens und »Manni« Burgsmüller im Jahr 1974

In der Saison 1984/85 siegt Dortmund 4:1 gegen Schalke, doch das zweite Tor des BVB war irregulär. Schütze Wolfgang Schüler: **»Stimmt, ich habe den Ball mit der Hand gespielt. Aber als ich merkte, dass der Schiedsrichter weiterlaufen ließ, hab ich ihn sicherheitshalber erst einmal ins Tor geschossen. Für die Schalker war es dumm, aber wir konnten uns dieses Geschenk doch nicht entgehen lassen. An dem Gerücht, dass ich in Kürze Handball-Nationalspieler unter Simon Schobel werde, ist allerdings nichts dran.«**

»Ich habe vergessen, dass ich Trainer bin.«

(Matthias Sammer auf die Frage, was er bei der Rangelei von Borussia- und St.-Pauli-Spielern auf dem Platz zu suchen hatte)

»Wen ich in ein Spiel mitnehme, von dem verlange ich, dass er nach diesem Spiel mitgenommen aussieht.«

(Erich Ribbeck)

»Meine Nase wird der von Steffi Graf immer ähnlicher.«

(Miroslav Stevic, der von 1999 bis 2002 für den BVB spielte, nachdem er einen Nasenbeinbruch erlitten hatte und eine Woche später erneut einen Schlag auf die Nase bekam)

»Als die Zuschauer mir den Mittelfinger gezeigt haben, wusste ich: Es ist wie immer.«

(Christian Wörns über das Spiel auf Schalke kurz nach den Terroranschlägen vom 11. September)

»Darauf war ich gar nicht eingerichtet. Ich bleibe lieber zu Hause.«

(René Schneider auf die Ankündigung von BVB-Trainer Nevio Scala, ihn für das Bielefeld-Spiel zu nominieren)

»Riedle muss man nur füttern. Dann kommt irgendetwas dabei raus.«

(Karl-Heinz Rummenigge über Karl-Heinz Riedle)

»Ich sage immer, was ich denke. Aber dazu berufe ich keine Pressekonferenzen ein. Aber so ganz ehrlich werde ich erst sein, wenn ich nach meiner Karriere ein Buch schreibe.«

(Stefan Reuter)

»In den ersten Wochen hat mich der Trainer nicht aufgestellt. Ich weiß gar nicht, warum.«

(Sebastian Kehl, nachdem er nach abgelaufener 6-Wochen-Rot-Sperre erstmals wieder zum Einsatz kam)

»Eine Minute nach Spielende habe ich noch **nicht die Intelligenz**, um das Spiel zu beurteilen.«

(Jens Lehmann)

»Im Hinspiel haben wir noch mit IRGENDEINER KETTE verteidigt.«

(Jens Lehmann)

Beinahe wäre der BVB in der Saison 1976/77 nicht rechtzeitig zu seinem eigenen Heimspiel am 2. Oktober gegen Bayern München gekommen. Der Grund: Otto Rehhagel hat den Spleen, die Nacht vor den Partien im Westfalenstadion im Gelsenkirchener Maritim-Hotel zu verbringen. Das stellt die Mannschaft vor ein völlig unerwartetes Problem, wie sich BVB-Spieler Willi Lippens im Buch »Revierderby« von Gregor Schnittker erinnert:

»Auf dem Weg nach Dortmund geht uns der Bus kaputt. Da sind wir per Anhalter weiter. Auf der Autobahn. Wir pennen in Gelsenkirchen und kommen dann nicht nach Dortmund. Als Dortmunder. Die ganze Mannschaft also Daumen raus. Stellen Sie sich das mal vor. Da saß ich dann in so einem VW-Bus mit Kostedde und Ackermann. Da hat uns einer mitgenommen nach Dortmund, der selbst ins Stadion wollte. Chaos überall. Wir waren erst ein paar Minuten vor Anpfiff da und spielen trotzdem noch 3:3 gegen die großen Bayern.«

Auf hohem Roß sitzt Dortmunds Trainer Otto Rehhagel. Mit ihm hoffen die Borussen, daß ihr Bundesliga-Comeback nicht nur auf ein Jahr beschränkt bleibt. Der Anfang dazu ist gemacht . . .

Starschnitt
Stan Libuda

»Wenn den Mockba nicht bald einer deckt, dann haut er uns noch mehr rein!«

(Borussia Dortmund lag in einem Freundschaftsspiel in Moskau zur Halbzeit mit 0:3 zurück, was in kyrillischen Buchstaben auf der Anzeigetafel zu lesen war: 1:0 Mockba, 2:0 Mockba, 3:0 Mockba. Stan Libuda machte gegenüber Horst Trimhold seinem Ärger Luft.)

»Mensch – ich bin doch der Libuda!«

(Auf den Hinweis seiner Thekennachbarin, nach drei geschnorrten Zigaretten könne er sich gefälligst eine eigene Packung kaufen)

Willi Schulz schnalzt noch heute mit der Zunge, wenn er an den quirligen Jungen auf Rechtsaußen denkt: **»Libuda hat alle schwindelig gespielt. Gegen Schottland hat der gegen den Tommy Gemmell gestanden. Der fuhr zurück auf die Insel und hat sich am nächsten Tag mit dem Rasenmäher einen Zeh abgeschnitten, weil er sich immer noch wie ein Kreisel drehte. Denkst du an Stan, ist der Zeh weg – ja, so war das damals.«**

Reinhold Wosab und Libuda im Februar 1981 beim Revierderby.

Multhaup zu Libuda:

»Du hast eine nette Frau, ein gesundes Kind, du verdienst eine Menge Geld – kannst du eigentlich nicht lachen?«

»Ich bin ein **anderer**.«

Warum **Sepp Herberger** in den fünfziger Jahren auf den überragenden Dortmunder Max Michallek verzichtete, hat er als sein Geheimnis mit ins Grab genommen. Vielleicht war er ihm etwas suspekt, weil er gerne auch einmal ein **Bierchen trank, SPD wählte und Karten spielte**. Alles Dinge, die Herberger nicht so sehr mochte. Der Weltmeistertrainer von '54 soll deshalb auch einmal mit sonorer Stimme gesagt haben: **»Herr Michallek, von mir können Sie nicht erwarten, dass ich Ihnen in der Halbzeit einen Cognac serviere und eine Zigarette anzünde.«**

Vielleicht war es aber auch ganz anders, wie **Helmut Bracht** einmal erzählte: **»Den Max interessierte die Nationalmannschaft doch überhaupt nicht. Da hätte er ja länger als ein oder zwei Tage aus Dortmund weggemusst.«**

»Die großen Trainer haben schließlich alle gesoffen: Weisweiler, Happel, Zebec.
Und ich gehöre ja auch zu den Großen.«

(Udo Lattek)

Kurz vor dem Ende der Saison 1981/82 ist die Karriere des Branco Zebec im Ruhrgebiet vorbei. Bei einem Auswärtssieg des BVB in Braunschweig ist Zebec zwar während der neunzig Minuten nüchtern, aber als er anschließend auf der Pressekonferenz erscheint, ist der Trainer bereits sichtlich angetrunken. Später kommt heraus, dass Zebec sich in einem unbeobachteten Moment in der kleinen Küche **im Kabinentrakt mit Weinbrand und Jägermeister versorgt** haben muss. Mit diesem Wissen im Kopf klingen seine Worte auf der Pressekonferenz nicht mehr ganz so philosophisch: **»Haben wir gesehen, was wir gesehen haben ...«**

12. Mai 2007: Derby gegen Schalke

»**Van Buyten steht sieben Meter in der Luft,** da kannst du nichts machen. Normalerweise geht da das Flutlicht aus.«

(Matthias Sammer)

»Der schlägt so viele Kerzen, als wenn morgen Weihnachten wäre.«

(Werner Hansch über Thomas Kroth)

Dortmunds neuer Eis-Sponsor und die sportliche Situation fordern Chefschnauze Max Merkel zu einer Spitzfindigkeit heraus: **»Borussia macht für Artic Reklame. Das merkt man, denn so spielen sie auch – artig.«** Der BVB-Präsident Frank Rohring ist zufälligerweise auch Mitinhaber der Eiskrem-Firma und kontert: **»Artic bedeutet Kühle und Kälte. Und so müssen unsere Jungs in nächster Zeit auch spielen – eiskalt!«**

BVB-Coach Willi »Fischken« Multhaup ist ein lustiger, äußerst geselliger und vor allem gesprächiger Zeitgenosse. Vor Auswärtsspielen pflegt er seiner Mannschaft gerne zu sagen: **»Wenn wir einen Punkt holen, dann sind wir im Soll. Sollten wir aber zwei holen, dann können wir einen auf den Kamin legen, für ganz schlechte Zeiten.«**

»Grau ist alle Theorie – entscheidend is auf'm Platz.«

(Adi Preißler)

Der 1. September 1993 ist in die Bundesligageschichte eingegangen und der BVB war direkt daran beteiligt. Bei der Partie Borussia Dortmund gegen Dynamo Dresden verweist Schiri Manfred Schmidt insgesamt fünf Spieler des Feldes. Die Zuschauer auf der Süd singen höhnisch: **»Einer geht noch, einer geht noch raus!«** Und Gästecoach Siggi Held meint hinterher: **»Dieses Spiel war absolut irregulär. Ich dachte schon, mein Torwart fliegt auch noch raus, weil er den Elfer mit der Hand gehalten hat und damit eine Torchance vereitelte …«**

»Im ›Kicker‹ stand über mich, der hatte soundso viele Oberligaspiele. Damit kann ja keiner mehr etwas anfangen. Da sagen die Leute: **›Oje, noch so'n Amateur.‹«**

(Erich Ribbeck)

»Ich werde nie das Standing eines Ottmar Hitzfeld haben, den ich als Trainer und Mensch respektiere. **Hitzfeld war dafür nicht so ein guter Spieler wie ich.**«

(Lothar Matthäus)

Starschnitt

Michael Meier

Als der in Lünen geborene Michael Meier 1989 als Manager zur Borussia kommt, erinnert er sich seiner Herkunft: »Ich hatte meine westfälische Mentalität noch behalten, ohne allerdings zu wissen, was diese war.« Kein Problem, denken sich die Fans und empfangen ihn gleich am ersten Tag, so wie es sich gehört: **»Wat willst du denn hier? Du willst doch sowieso nur unsere Kohle!«** Und tatsächlich, der Schnellkurs in Sachen Heimatkunde zeigt Wirkung: **»Da wusste ich, dass ich wieder zu Hause war. Der direkte Angriff als Teil der westfälischen Mentalität.«**

MENSCH MEIER! –
Ein halbes Jahrhundert, aber forever young.

Eigentlich war es erst um 0.00 Uhr soweit, am 15. November. Doch keiner der 800 Gäste im „Borussia Park" hielt sich an diese „zeitliche Vorgabe": Vielmehr wurde schon Stunden vorher gefeiert, gerockt und gesungen. Kein Wunder: Nach einem Super-5-Gang-Dinner sorgten zuerst „Mad Andy" und danach „De Höhner" dafür, dass auf Michael Meiers Party zum 50. Geburtstag der Saal kochte und sich bis 5.00 Uhr morgens beständig auf Siedetemperatur hielt. Zu den Gästen zählten neben der Familie und Freunden des Jubilars, den Borussen-Profis und -Trainern sowie den Mitarbeitern des BVB natürlich auch die Fußball-Prominenz aus ganz Deutschland – und aus dem Ausland, wie etwa Jörg Heinrich und Ehefrau Ann-

»Ich appelliere an die Ehre **der Profis**. Und ich erwarte jetzt, dass endlich mal einer kommt und sagt: ›Ich will für so eine Leistung nicht bezahlt werden.‹«

»Schon in der Champions-League-Qualifikation in Brügge sind wir dem Tod von der Schippe gesprungen. Wenn die Spieler keine andere Mentalität entwickeln, müssen wir es ihnen reinprügeln!«

»Schiedsrichter **Merk hat bisher nur einen Fehler gemacht:** Er ist mit einem **blauen Trikot** auf den Platz. Das sollte man hier in Dortmund lieber nicht tun.«

»Wir nehmen die Vorschläge der Presse zur Kenntnis und werden sie nacheinander abarbeiten.«

(Zu Spekulationen, dass Berti Vogts als Trainer des BVB im Gespräch sei)

»Sie können mir nicht absprechen, dass ich ohne Konzept eingekauft hätte.«

»Wir haben uns nun Negativstress aufoktruiert.«

»In den Katakomben des Westfalenstadions sah Manager Michael Meier auch eine Stunde nach Schlusspfiff noch so mitgenommen wie nach einer Bilanzpressekonferenz aus.«

(»Frankfurter Allgemeine Zeitung«)

April 1990: Manager Michael Meier nimmt von zwei Mönchen eine Kiste Clarissen Bräu entgegen.

Starschnitt Schiedsrichter

»Schau'n mer mal, ob er am Wochenende spielt.«

(Helmut Fleischer, nachdem Borussia Dortmunds Torhüter Jens Lehmann gefordert hatte, Schiris nach schwachen Spielen erst einmal aus dem Verkehr zu ziehen)

»**›Mein Freund ist Ausländer‹** ist eine gute Aktion. Aber zurück zum Alltag! Wenn das so weitergeht, brauchen wir in der Bundesliga das Transparent **›Mein Freund ist Schiedsrichter‹**.«

(Stéphane Chapuisat)

Schabernack mit Schiri Walter Eschweiler:

Weil Gustav Sträter, der Stadionverwalter der Borussia, sauer auf den schwarzen Mann ist, rächt er sich auf eine besondere Art. Als der Schiedsrichter unter der Dusche steht, stellt Sträter die Warmwasserzufuhr einfach aus. Eschweiler flucht lautstark, Sträter freut sich, dreht wieder auf warm und hat seinen Trainer begeistert. Karl-Heinz Feldkamp: **»Wenn der Sträter das mit allen Schiedsrichtern so macht, die hier schlecht pfeifen, dann lasse ich mir das gefallen!«**

1974: Die deutschen WM-Schiedsrichter Walter Eschweiler, Klaus Ohmsen, Gerhard Schulenburg und Joachim Weyland (von links) feiern die Turniereröffnung.

Der Journalist Horst Fried beschreibt in einem beeindruckenden historischen Zeitdokument am 14. Februar 1966 in der »Sportillustrierten« anschaulich, wie sich die Dinge heute gewandelt haben:

»Ich erinnere mich an das letzte deutsche Fußballendspiel in Stuttgart, heiß war's an dem Tag, und ich versichere ehrenwörtlich, dass ich gegen Durst ebenso wenig habe wie gegen Frauen, aber was ich da in der Halle des Stuttgarter Hauptbahnhofs sah, das hatte doch eine zwiefache Appetitlosigkeit für etliche Stunden zur Folge: Das Mädchen trug unten eine hautenge schwarze Hose und oben einen hautengen gelben Pullover. Auf dem Busen trug es unübersehbar die Buchstaben ›BVB‹ zur Schau, also rechts ein B und links ein B und in der Mitte ein V. Mir tut jeder leid, der nicht gesehen hat, wie sich dieses Mädchen öffentlich zum Ballspielverein Borussia Dortmund bekannte: Unsereins trägt die Liebe zu einem Verein im Herzen, die Frauen tragen sie auf dem Herzen: Ich glaube, schon dies unterscheidet uns wesentlich.«

Trainer

»Mit der Zunge darf man schon mal ins Fettnäpfchen treten. Nur nicht allzu oft mit dem Fuß.«

(Reinhard Saftig)

»Konzepte sind Kokolores.«

(Erich Ribbeck)

»Sie können ruhig etwas lauter nicken!«

(Udo Lattek)

»Die Farbe hat mir sowieso nicht gefallen.«

(Bernd Krauss, nachdem er seinen Wagen zu Schrott gefahren hatte)

Bild.de
T · · Online ·
6. November 2007 09:21:37
Finden
Bild.T-Online Web Shopping
SHOPPING
Seite 1 > Sport > Fußball-Bundesliga
Versenden
Drucken

Samstag die Rückkehr ins BVB-Tor

Macht Doll einen WeidenFEHLER?

VON JÖRG WEILER

Mit Marc Ziegler (31) kehrte beim BVB der Erfolg zurück.

Die überragende Bilanz des Ersatz-Torhüters: Drei Spiele, drei Siege, 7:0-Tore.

BVB-News

Trotzdem muss er nächsten Samstag seinen Platz wieder räumen.

Bei Hertha BSC Berlin steht Roman Weidenfeller (27) in der Kiste.

Er hat seine dreiwöchige Sperre wegen Beleidigung von Schalkes Gerald Asamoah (28) abgebrummt.

Alle Spielberichte

Fotogalerie

Ziegler wieder auf die Bank

»Das war ein Gefühl wie in der Hochzeitsnacht.«

(Ottmar Hitzfeld nach einem Sieg in letzter Sekunde)

Starschnitt

Lothar Emmerich

»Ich habe nicht einfach drauf-
geknallt, sondern instinktiv
die Lage gepeilt und den
richtigen Winkel gewählt.«

(Lothar Emmerich über sein »Jahrhunderttor«)

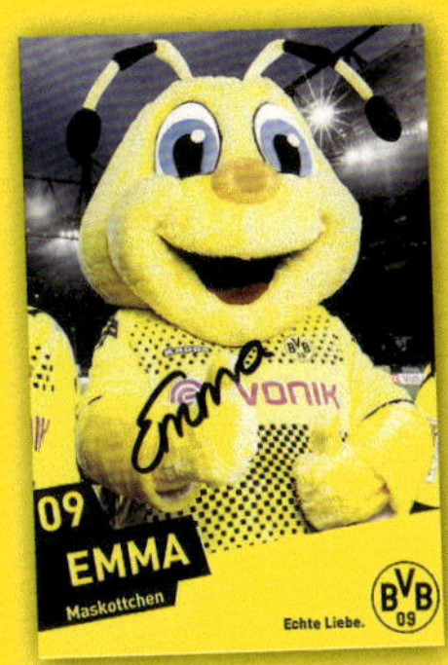

Mai 1966. Riesenjubel in Dortmund. Die Menschen stehen am Straßenrand Spalier für die siegreiche Mannschaft, die vor Glück strahlend in Cabrios durch die gelb-schwarz beflaggte Stadt gefahren wird. In einem Auto sitzen Lothar Emmerich, Aki Schmidt und Stan Libuda zusammen und recken stolz den Europapokal nach oben. Lachend dreht sich Aki Schmidt irgendwann an diesem herrlichen Tag zur Seite. Er schaut ins tränenüberströmte Gesicht von Stan Libuda. Mann, denkt sich Aki, der ist ja voller Emotionen. Den hat es richtig gepackt. Und er beugt sich zu Libuda hinüber und will ihm gerade etwas ins Ohr flüstern, da raunzt dieser ihm durch die nur spaltbreit geöffneten Zähne zu:

„Halt bloß die Schnauze, Aki. Der Emma hat mir in die Eier gezwickt!“

»Die Spieler wollten heute schon für mich sammeln, weil ich nichts bekommen habe. Aber das Konto läuft auf den Namen meiner Frau. Ich darf mir ab und an was nehmen.«

(Matthias Sammer zur Veröffentlichung von Gehältern der Dortmunder Spieler in der »Sport-Bild«)

»Skibbe zieht auf dem Podium die ganze Zeit die Stirn so kraus, dass dort mindestens drei Viererketten aus der Haut wachsen.«

(»Handelsblatt«)

»Van Marwijk schadet Mannschaft und Verein, weil er mich nicht aufstellt.«

(Lars Ricken)

»Frauen sind das beste Trainingslager.«

(Otto Rehhagel)

»In der Schule gab's für mich Höhen und Tiefen. Die Höhen waren der Fußball.«

(Thomas Häßler)

»Fußball ist ein Tagesgeschäft. **Heute ist man der Depp, morgen kann man wieder der Held sein.** Entsprechend werden wir arbeiten, um das Deppen-Image wieder abzulegen.«

(Matthias Sammer nach einem 2:6 in Berlin)

»Das Alter ist nur in zwei Fällen wichtig: Mit 18 darf man in jeden Film, und ab 65 bekommt man Rente.«

(Siggi Held)

»Ich bekam die letzte Spritze wegen Entzündung des Zwölffingerdarms, eine Folge meiner Nervosität, als ich nicht spielen konnte.«

(Hoppy Kurrat)

In der Saison 1989/90 erklingt erstmals in einem Bundesligastadion vor einem Spiel der Triumphmarsch aus der Oper **»Aida«** von Giuseppe Verdi. Zudem feiert man Tore im Westfalenstadion ab sofort mit dem Cancan aus der Operette **»Orpheus in der Unterwelt«** von Jacques Offenbach.

In Dortmund hofft der Vorsitzende Dr. Werner Wilms, dass sich im neuen Bundesliga-Jahr 1964 etwas entscheidend verbessert:

»Wir haben leider festgestellt, dass es Zuschauer gibt, die wir nicht gern sehen. Jene Bierflaschen- und Feuerwerkskörper-Werfer werden wir verfolgen. Jeder Zuschauer, der einen Rüpel, der den Ruf des Vereins schädigt, dem Ordnungspersonal übergibt, erhält von uns eine Prämie von 50 Mark. Wir werden gegen die Störenfriede wegen Hausfriedensbruch, notfalls sogar wegen Körperverletzung vorgehen.«

Starschnitt
Mario Götze

»Er muss verletzungsfrei bleiben –
und dann auch die richtige Frau finden.«

(Mehmet Scholl über Jungstar Mario Götze)

»Mario ist gestern Morgen aufgewacht und **hatte 'ne Verhärtung**.«

(Jürgen Klopp über eine Verletzung von Mario Götze)

»Mario hatte so viel Talent, dass selbst ich das nicht kaputt trainieren konnte.«

(Christian Droese, E-Jugend-Trainer des Nationalspielers bei Hombruch)

»Manchmal nennen wir ihn Götzinho.«

(Mats Hummels über seinen Mitspieler)

»Mario Götzes Spiel hat etwas Hypnotisierendes, und seine Tricks machen Fans atemlos.«

(»The Guardian«)

»Wir sind Marios Vater sehr dankbar, dass er damals aus dem Allgäu nach Dortmund gezogen ist.«

(Jürgen Klopp)

»Ich habe mich beim Sturz irgendwo festgehalten, aber ich weiß nicht, wo.«

(Stéphane Chapuisat über seinen Griff an empfindliche Körperteile seines Gegners)

»Das vereinfacht die Anfangsarbeit, weil wir jetzt nicht jedem erklären müssen, warum er so schlecht gespielt hat.«

(Matthias Sammer über Amoroso, der im ersten Spiel zwei Tore für Dortmund schoss)

»Fußball ist so **komisch** geworden.«

(Jens Lehmann zu seinem 4. Platzverweis)

»Wenn man nicht aufs Tor schießt, kann man auch kein Tor schießen.«

(Martin Driller, spielte von 1989 bis 1991 für den BVB)

Der Schalker Olaf Thon lässt nicht locker. **Er will seinen Freund Daniel Simmes zu den Königsblauen locken.** Doch Simmes, der Mann, der das »Tor des Jahres« 1984 schoss, bleibt als gebürtiger Dortmunder lieber in seiner Heimatstadt, als ein paar Meter weiter westlich seine Zelte im Ungewissen aufzuschlagen. Außerdem ist Schalke auch viel zu weit weg. Im Brustton der Überzeugung diktiert er der Presse in die Notizbücher: **»Ich wäre auch nach Gelsenkirchen gegangen, wenn das nicht so weit weg wäre.«**

»Sportlich kann es nicht mehr schlimmer werden. Wir sind am absoluten Nullpunkt angekommen!«

(Michael Meier in der Winterpause 1999/2000, ***als man Skibbe – auf dem sechsten Tabellenplatz stehend – entließ,*** *kurz danach hat man mit dem Abstieg zu tun.)*

EXKLUSIV Gespräch: Michael Skibbe und Ottmar Hitzfeld.

»Erich Ribbeck ist vom Fußball so weit weg wie die Erde vom Mars.«

(Werner Lorant)

Starschnitt Tomas Rosicky

»Fredi heute drei Tore geschissen.«

»Mit mir spielt die Mannschaft ja schon schrecklich, aber ohne mich spielt sie gespenstisch.«

»Wenn mein **Zimmerpartner Christoph Metzelder** direkt nach dem Aufwachen **Liegestütze macht**, liege ich noch im Bett und **schaue fasziniert zu**.«

»Ich wundere mich, dass Tomas Rosicky einen Muskelfaserriss hat. Wenn man ihn so anschaut, glaubt man kaum, dass er überhaupt Muskeln hat.«

(Franz Beckenbauer)

»Mit 30 Mios von Abramowitsch können wir unsere Löcher nicht stopfen. Ich würde es bei Ebay versuchen.«

(Kommentar eines BVB-Fans auf der Internetseite www.schwatzgelb.de zum Angebot vom FC Chelsea an Tomas Rosicky)

Al Jazeera Liveticker zum CL-Spiel gegen Málaga am 9. April 2013: »Tor, Tor, Tor, Toor, Toooor! Und ich gebe das Kommentieren auf, ich gebe es auf, ich gebe das Kommentieren auf, nicht möglich, unmöglich, was hier passiert, was passiert, mit großem Stolz gebe ich zu: Ab heute Nacht bin ich ein Deutscher, ab heute Nacht bin ich im Fußball ein Deutscher, ich bin für die Deutschen, egal, wo sie hingehen, ich zieh mit ihnen um, wo sie hinziehen, unmögliches Szenario, verrücktes Szenario, das Szenario wurde beeinflusst, beeinflusst von einem Zauberer, Zauberer, ja Zauberer … Ist das doch ein Abseits? Das hier ist ein Titel der Rache, ein deutscher Titel, unmöglich, unglaublich! Du bist ein Künstler, du bist ein Künstler, du bist ein Mann, und der Herr der Männer, du Deutscher, 3 zu 2, 3 zu 2, 3 zu 2! Und Santana macht es, und Santana, und Santana, Felipe Santana, der Don Santana, der Prinz Santana, der Graf Santana …«

Starschnitt
Michael Zorc

»Zorc hat bereits angekündigt, dass ich vorher verkauft werde.«

(Lars Ricken, der bereits im zehnten Jahr für Borussia Dortmund spielt, auf die Frage, ob er den 20-Jahre-Rekord von BVB-Sportdirektor Michael Zorc brechen wolle)

»Wir können nicht erwarten, dass er jeden Tag Eisbein mit Sauerkraut isst, nur weil er in Deutschland ist.«

(Michael Zorc über die Disziplin von Amoroso)

»Das Spiel einer Mannschaft entspricht ihrem Charakter. Dortmund heißt Kampf!«

(Michael Zorc, noch als Kapitän im Jahr 1993)

»Ich habe in Dortmund schon **DALLAS** erlebt, dagegen war die Sache **Lindenstraße**.«

(Zu einer Aussprache zwischen Trainer Köppel und der Mannschaft)

»Man kann unsere **Fehler nicht** einmal mehr **amateurhaft nennen.** Denn das wäre eine **Beleidigung für jeden Amateur-Kicker.**«

Rolf Rüssmann mag die langen Haare seines jungen Mitspielers Michael Zorc sehr gerne. Und das sagt er ihm auch: »Du siehst ja aus wie ein Mädchen. **Wie so 'ne Susi!**«

»Aus der Mannschaft kann ich niemanden fragen. Die meisten sind so jung, dass sie keinen Bartwuchs haben.«

(Auf der Suche nach Rasierschaum vor einem Fototermin)

»Es gibt kein offizielles Angebot, weder von Real und auch nicht von Rewe.«

(Zum angeblichen Interesse von Real Madrid an einer Verpflichtung von Lukas Pisczek)

Ender der 1980er Jahre streiten Norbert Dickel und Marc Strudal um den zweiten Platz im Sturm neben dem gesetzten Nationalspieler Frank Mill. Doch bei allem Ernst der Sache sorgt dies unter den Kollegen nicht selten für Erheiterung. Als dem bulligen und etwas ungeschickten Angriffsklotz Strudal mal wieder der Ball unter der Sohle ins Aus rutscht, brüllt Dickel aus sicherer Entfernung, für jedermann gut hörbar, quer über den ganzen Platz: »Du Anti-Fußballer, du!« Das Training muss daraufhin minutenlang unterbrochen werden. Die Mitspieler krümmen sich am Boden liegend vor Lachen. Denn auch Norbert Dickel ist in ihren Augen ebenfalls nicht gerade als großer Ballvirtuose bekannt.

»Vielleicht sollten wir bei der UEFA einen Antrag auf eine Wildcard für die Champions League stellen. Die steht uns als ehemaligem Sieger vielleicht zu.«

(Michael Meier, nachdem die Teilnahme am internationalen Wettbewerb in Gefahr geraten war)

»Den Ball halte ich in dieser Situation so lange in der Ecke, bis keine Luft mehr drin ist.«

(Matthias Sammer über seinen Spieler Dede, der sich in der 92. Minute noch auf ein Dribbling eingelassen hatte)

»Lars Ricken spielt nie gut.«

(Wladimir But über die Leistung seines ehemaligen Mitspielers und Konkurrenten)

»Die meisten verkrampfen beim Laufen, aber ich schalte nach zehn Metern meinen Turbo ein. Ein tolles Gefühl, wenn du weißt: Keiner kann dich halten.«

(Stefan Reuter)

Dortmunds Niederländer Alfred Nijhuis verrät einen BVB-Trick: »Wenn du heute ganz normal anläufst, kannst du kein Kopfballtor mehr erzielen. Ich habe mich mit Bachirou Salou gut abgesprochen. Wir machen es wie beim Handball, der eine versucht den anderen freizusperren.«

13. August 1977: Erst drei Minuten vor dem Anpfiff entscheidet sich der Würzburger **Schiedsrichter Walter**, das Spiel zwischen **Borussia Dortmund und dem MSV Duisburg doch nicht anzupfeifen**. Zu diesem Zeitpunkt haben sich die Akteure beider Teams bereits warm gemacht und 40.000 Mann im Stadion ihre Plätze eingenommen. Doch es geht nicht anders. Nach einem kräftigen Platzregen ist der Rasen nicht mehr bespielbar. Irgendwie dumm gelaufen: Der BVB hatte extra einen Rasenmacher aus Leeds verpflichtet. **John Escritt pflegt im Mutterland des Fußballs das Grün der Königin.** Genauso einen schönen Rasen wollen die Dortmunder nun auch haben. Doch der Plan geht schief. Würmer fressen die Graswurzeln auf und machen den Rasen so wasserundurchlässig. Der Regen kann nicht abfließen, und das Spiel muss verschoben werden. **Das Honorar für den Greenkeeper: Stolze 110.000 Mark hat die Borussia in den Sand gesetzt!**

Starschnitt

Aki Schmidt

Borussia Dortmund gewinnt im September 1964 eine Partie beim FC Schalke 04 mit 6:2. In der zehnten Minute gelingt Aki Schmidt das erste Tor. Ein Treffer aus 22 Metern. In späteren Jahren wird von Erzählung zu Erzählung aus diesem Schuss ein Traumtor aus weit über 30 Metern. Man befrage am besten einmal Aki Schmidt höchstpersönlich zu diesem Treffer. Überliefert ist der schöne Schlachtruf der BVB-Fans:

»Aki Schmidt, die Punkte nehmen wir mit!«

»Mit Fußball ist jetzt Schluss. Ich konzentriere mich in meiner zweiten Karriere ganz auf die Musik«, sagt Aki Schmidt und das klappt ganz hervorragend. Mit der Band »Casino Express« nimmt er im Jahr 2011 zu Ehren der Meistermannschaft des BVB die Single **»Rubbeldikatz am Borsigplatz«** auf – und landet einen riesigen Erfolg. **Mit seiner Quetschkommode ist Schmidt »auch eine Stimmungskanone«**, schreiben die »Ruhrnachrichten« begeistert!

Starschnitt
Jürgen Klopp

»Wer den Ausgang des Spiels ernst nimmt, der sollte aufhören, Drogen zu nehmen.«

(Nach einem 2:1-Sieg des BVB gegen den FC Bayern im Super-Cup 2008)

»Herr Schneck, bitte zu Kasse 6.«

(Bittet den Kommunikationsdirektor Josef Schneck im Kaufhauston, endlich zur Pressekonferenz zu kommen.)

»Wenn ich essen gehe, **schauen die Leute mir auf die Gabel, bis sie im Mund verschwunden ist.«**

»Ich habe schon öfters Wörter mit ›M‹ in den Mund genommen. Aber die waren nicht immer salonfähig.«

(Auf die Frage, wann er denn endlich das »M(eisterschaft)-Wort« in den Mund nehme)

»Ich beglückwünsche jeden Fan, der bei unserem Spiel in Cottbus bis zum Schluss vorm Fernseher durchgehalten hat.«

»Flanken anstatt Rückpass, Rückpass anstatt Flanken, Torschuss anstatt Pass, Pass anstatt Torschuss. Wir können uns im Moment blind entscheiden, und es ist immer das Falsche.«

»Ich habe mich total geärgert. Ich hätte nach dem Spiel jemand auf die Schnauze hauen können.«

»Wir treten nicht mit vollen Hosen an. Ich habe extra noch mal nachgeschaut.«

Die heißesten Transfer-Gerüchte
Sport Bild
Neues von: Schalke, Werder, Guerrero, Reus, Löw, Podolski, Rehhagel
EUROPAS NR. 1
6 EM-SAMMELKARTEN GRATIS!
Klopp zerstört Bayern
Wie der BVB-Trainer den Rivalen aufs Kreuz legt
Beweisen: Bayern-Stars werden immer schlechter
Zweifel an Heynckes: Wer jetzt einspringen kann
KLITSCHKO-POSTER + DIE BESTEN SPORT-APPS

»Ich war ein Kaiserschnitt. Ich habe nur die ersten zwei Wochen meines Lebens dort verbringen müssen und bin dann weggezogen.«

(Vor der Rückkehr in seinen Geburtsort Stuttgart)

»Meine Jungs liegen am Vorabend des Spiels in Doppelzimmern. Ich hoffe, da passiert nichts.«

(Auf die Frage, ob es vor einem Spiel Sex-Verbot gibt)

»Der ist an der Linie so durchgeknallt, bei dem müssen in der Kindheit selbst die Überraschungseier voll mit Dioxin gewesen sein.«

(Mario Basler)

»Zu spät gepisst, ist auch gedopt!«

(Plakat von BVB-Fans beim Spiel gegen Hoffenheim)

»Die Menschen stehen hier zu uns wie eine Armee hinter ihrem Land.«

(Michael Rummenigge)

»Nee, nee, das ist nur eine kleine Wiedergutmachung. Der ›Chappi‹ hat mir schön die Elle reingejagt, die Lippe ist aufgeplatzt, da habe ich zu ihm gesagt: **›Pass auf, gib mir das Trikot, dann ist die Sache vergessen.‹«**

(Joachim Hopp, MSV Duisburg, nach einem Spiel gegen Dortmund)

Joachim Hopp mit seiner Beute – »Chappis« Trikot.

»Wenn früher der Stadionverwalter Gustav Sträter das Licht angemacht hat, waren 10.000 Zuschauer da.«

(Lothar Huber)

Starschnitt

Eike Immel

und die Autos

Eike Immel liebt Autos. Er liebt sie sogar so sehr, dass er sich bereits als Siebzehnjähriger einen gebrauchten Mercedes zulegt. Da er aber noch keinen Führerschein hat, denkt sich Immel nichts weiter dabei, als er sein erstes Auto noch vor der ersten eigenen Nutzung bei seiner zweiten großen Leidenschaft, dem Kartenspiel, verzockt. Als dann endlich richtiges Geld in seinem Portemonnaie wuchert und der Führerschein auf dem Tisch liegt, stürmt er in ein Männerparadies in Unna, bezahlt den **frisch erworbenen Mercedes** bar und fährt ihn in seinem jugendlichen Übereifer erst einmal **souverän zu Schrott**.

Schon als Kind soll Torwart Eike Immel auf dem elterlichen Hof den kostbaren Traktor der Familie in einen tiefen Graben gelenkt haben. Den Einsatz der Freiwilligen Feuerwehr mit schwerem Gerät und die Bewirtung der kompletten Mannschaft mit selbst hergestellten Kräuterdestillaten darf der kleine Immel noch Jahre später bei der Kartoffelernte abarbeiten. Seine fast magische Anziehungskraft auf die Gesetzeshüter versteht Immel aber bis heute nicht: **»Ich finde das unheimlich. Wenn ich mit meinem Porsche die Straße herunterfahre und ein Streifenwagen kommt mir entgegen, dann kann ich schon sicher sein, dass er gleich umdreht und mir hinterherkommt.«**

»Bei so vielen Super-Technikern können sogar Grob-Techniker wie Kohler, Reuter und ich gut mitspielen!«

(Christian Wörns)

»Ich bin vollblutiger Profi.«

(Miroslav Stevic)

»Er hatte plötzlich Sehstörungen. Vielleicht hat er deshalb das Tor getroffen.«

(Matthias Sammer über Lars Ricken, der trotz einer eiergroßen Beule am Kopf ein Tor schoss)

»Beim Vergleich mit mir selber komme ich in den Kritiken immer am schlechtesten weg. Irgendwas stimmt da nicht.«

(Stefan Reuter)

»Ich habe zum ersten Mal gegen eine Mannschaft mit schwarzen Trikots gespielt. Das ist ja schlimm, man denkt, da laufen lauter Schiedsrichter herum.«

(Ingo Anderbrügge)

Trainer

»Nevio Scala ist ein phantastischer Trainer und er hat eine tolle Mannschaft. **Dortmund wird ganz sicher Weltmeister!**«

(Giovanni Trapattoni)

»Ich will kein guter Verlierer sein. Nichts ist ärgerlicher als Niederlagen. Sie machen mich rasend.«

(Matthias Sammer)

»Die haben mir keins gegeben.«

(Bert van Marwijk auf die Frage, warum er im Anschluss an ein Spiel auf sein obligatorisches Bier verzichtet habe)

»Die Deckung hat Angst vor ihrem schwachen Torwart. Deshalb spielt sie so gut!«

(Udo Lattek)

»Ich bin immer offen für Kritik, nur sie muss konstruktivistisch sein.«

(Michael Skibbe)

Meister 2010/11

»Bei unserem letzten Sieg in München wurden die meisten meiner Spieler noch gestillt.«

(Jürgen Klopp)

»Wir haben uns darauf verständigt, das **M-Wort nicht zu benutzen**. Aber wir wollen die **Tabellenführung mit in die Sommerpause nehmen**.«

(BVB-Stadionsprecher Norbert Dickel)

Nach dem Titelgewinn sagt Trainer Jürgen Klopp:

»Wenn du das Glück an dem Tag eingesammelt und es in die Welt rausgeschossen hättest, dann hätte noch ganz China gegrinst.«

»We have a grandios Saison gespielt!«

(Roman Weidenfeller)

Presse

»Möller und Chappi befruchten sich gegenseitig.«

(Jörg Dahlmann)

»Wenn Borussia Dortmund noch keinen Koller hätte, dann würden die Fans spätestens jetzt einen kriegen.«

(Mittagsmagazin-Moderator Michael Brocker im WDR-2-Hörfunk, über die Stimmungslage im Umfeld des BVB)

»Die Fans der schwarz-gelben Borussia feierten ihre Mannschaft die ganze Nacht lang mit **Autotorsos** durch die Innenstadt.«

(ARD-Videotext nach dem Meisterschaftsgewinn von Borussia Dortmund 2002)

»**Riedle,** der für seine Größe ziemlich hoch springen konnte, hieß **›Air Riedle‹, Möller,** der für sein Alter ziemlich wehleidig war, hieß **›Aua Möller‹**.«

(»Süddeutsche Zeitung«)

»**Diego Klimowicz** – ein Name wie **Winnetou Koslowski**.«

(Manfred Breuckmann)

»Es ist immer ein schönes Gefühl, den Olli hinten drin zu haben.«

(Sebastian Kehl nach einem Spiel mit der Nationalmannschaft)

»Wir wollten in Bremen kein Gegentor kassieren. **Das hat auch bis zum Gegentor ganz gut geklappt.**«

(Thomas Häßler)

»Es war ein wunderschöner Augenblick, als der Bundestrainer sagte: Komm, Steffen, zieh deine Sachen aus, jetzt geht's los.«

(Steffen Freund)

Steffen Freund spielte das letzte Saisonspiel mit einem schwarz-gelben Zopf, nachdem die Meisterschaft 1995/96 bereits feststand.

»Fußball ist wie eine Frikadelle – man weiß nie, was drin ist.«

(Martin Driller)

»Wir sind nicht so stark, wie die anderen meinen, aber die anderen sind auch nicht so stark, wie sie glauben.«

(Udo Lattek)

»Gib mich die Kirsche!«

(Lothar Emmerich)

Großkreutz nach der Meisterschaft 2011.

Ben Redelings ...

... ist Deutschlands erfolgreichster Fußball-Komiker, außerdem ist er **Bestsellerautor,** Filmemacher und »der ungekrönte Meister im Aufspüren kurioser Fußballgeschichten« (»Deutsche Akademie für Fußballkultur«). Regelmäßig schreibt er für »Spiegel Online« sowie für die Magazine »11FREUNDE« und »Reviersport«. Nach Meinung der »Jungen Welt« tut er dies sogar »um Längen besser als Nick Hornby«.

1975 in Bochum geboren, wollte er eigentlich Lehrer werden. Nach dem ersten Staatsexamen siegte jedoch die Liebe zum runden Leder. Seine Fußballabende SCUDETTO sind **deutschlandweit** bekannt, regelmäßig ausverkauft und genießen mittlerweile Kultstatus.

Ben Redelings hat in den letzten Jahren zahlreiche Bücher im Verlag Die Werkstatt veröffentlicht, sein Buch »Fußball ist nicht das Wichtigste im Leben – es ist das Einzige« war der erfolgreichste Fußballroman 2008 und wurde für das »Fußballbuch des Jahres« nominiert. »50 Jahre Bundesliga. Das Jubiläumsalbum« schaffte es mehrmals auf **Platz 1 der Sport-Bestsellerliste**.

Termine und Blog:
www.scudetto.de

ISBN 978-3-89533-515-0, € 9,95

»Buchtipp!«
(»Was liest du?« mit Jürgen von der Lippe im WDR-Fernsehen)

»Ein Riesenvergnügen!«
(»Stuttgarter Zeitung«)

»Unbedingt kaufen! Dieses schräge Wahrheiten-Buch kostet weniger als eine Stehplatzkarte und hat obendrein den Vorteil, dass nicht eine Sekunde Langeweile aufkommt.«
(»Remscheider Generalanzeiger«)

»Wunderbar auch die Illustrationen des Karikaturisten Tom.«
(»Reviersport«)

www.werkstatt-verlag.de

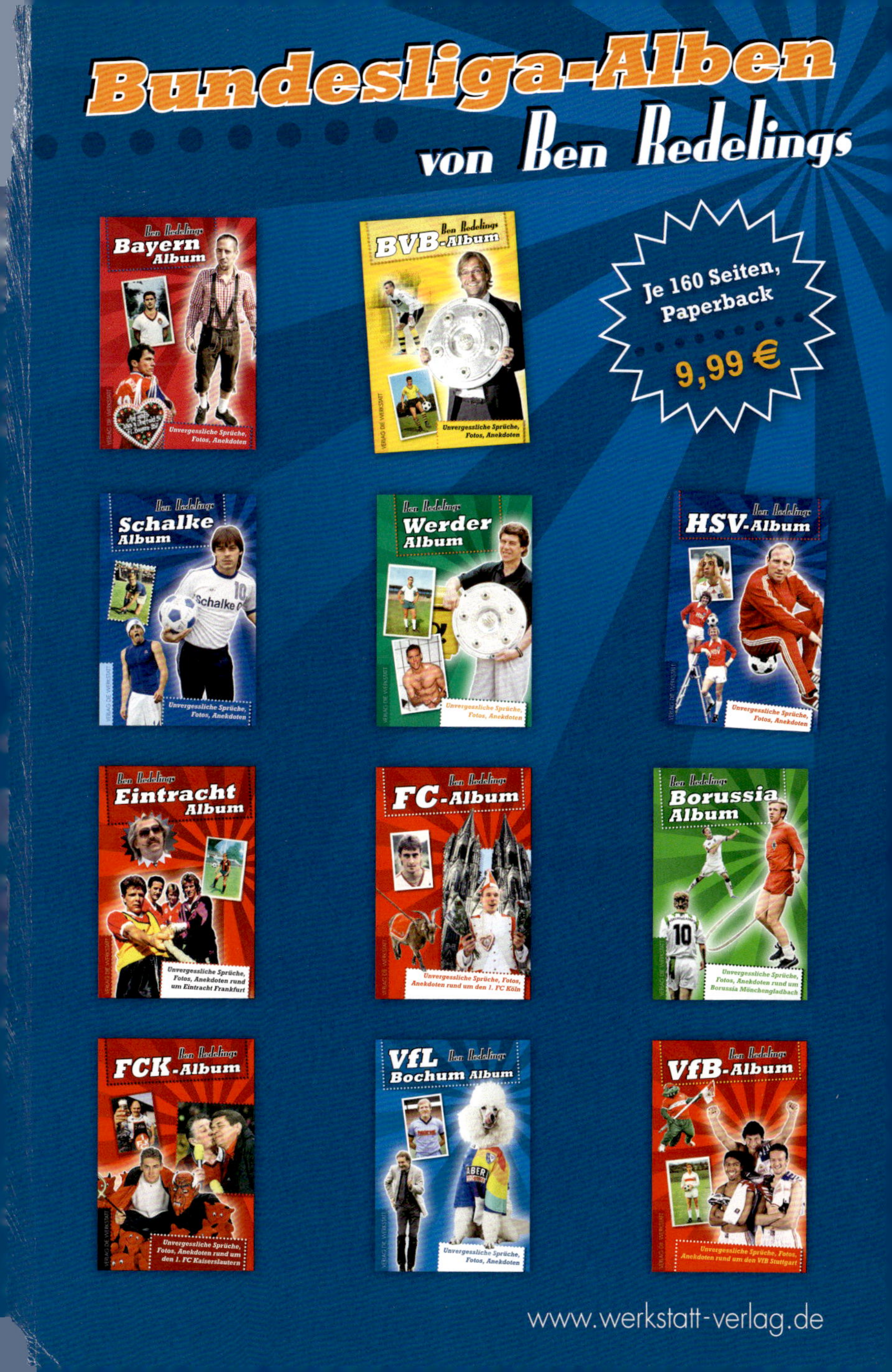
Bundesliga-Alben
von Ben Redelings
Je 160 Seiten, Paperback
9,99 €
Ben Redelings
Bayern Album
Unvergessliche Sprüche, Fotos, Anekdoten
Ben Redelings
BVB-Album
Unvergessliche Sprüche, Fotos, Anekdoten
Ben Redelings
Schalke Album
Unvergessliche Sprüche, Fotos, Anekdoten
Ben Redelings
Werder Album
Unvergessliche Sprüche, Fotos, Anekdoten
Ben Redelings
HSV-Album
Unvergessliche Sprüche, Fotos, Anekdoten
Ben Redelings
Eintracht Album
Unvergessliche Sprüche, Fotos, Anekdoten rund um Eintracht Frankfurt
Ben Redelings
FC-Album
Unvergessliche Sprüche, Fotos, Anekdoten rund um den 1. FC Köln
Ben Redelings
Borussia Album
Unvergessliche Sprüche, Fotos, Anekdoten rund um Borussia Mönchengladbach
Ben Redelings
FCK-Album
Unvergessliche Sprüche, Fotos, Anekdoten rund um den 1. FC Kaiserslautern
VfL Bochum Album
Ben Redelings
Unvergessliche Sprüche, Fotos, Anekdoten
Ben Redelings
VfB-Album
Unvergessliche Sprüche, Fotos, Anekdoten rund um den VfB Stuttgart
www.werkstatt-verlag.de

Weitere Bücher zum BVB

Großartige Fotos und spannende Texte zur gesamten Geschichte des BVB. Ausführliche Saison- und Spielberichte vor allem zu den Erfolgsjahren mit Jürgen Klopp.

»Eine unbedingte Kaufempfehlung für alle BVB-Fans.«

(Westfälischer Anzeiger)

242 Seiten, A4, Hardcover
durchgehend farbig,
sehr viele Fotos
ISBN: 978-3-7307-0142-3
€ 29,90

Hier erfahren junge BVB-Fans alles über ihren Lieblingsverein: Von der Vereinsgründung 1909 bis zu den Erfolgen der Gegenwart führt sie der Autor durch die Geschichte von Borussia Dortmund.

»Eltern, und vor allem Kinder, aufgepasst! … Viele Fotos von früher und heute machen das Buch auch zu einem interessanten Bilderbuch.«

(Der Westen)

3. Auflage 2014
96 Seiten, A4, Hardcover
durchgehend farbig, viele Fotos
ISBN: 978-3-89533-809-0
€ 16,90

»›Unser ganzes Leben‹ gehört in jeden schwarzgelben Bücherschrank.«

(WAZ)

»Leidenschaftlich und zugleich mit dem Blick für die nötigen Fakten. … 104 Jahre quicklebendige Dortmunder Fankultur.«

(11Freunde)

336 Seiten, Großformat, Hardcover
durchgehend farbig, sehr viele Fotos
ISBN: 978-3-7307-0014-3
€ 29,90

www.werkstatt-verlag.de